九州王朝の興亡

古代に真実を求めて
古田史学論集第二十六集

古田史学の会編

明石書店

はじめに

故古田武彦氏が、一九七三年に『失われた九州王朝―天皇家以前の古代史』を上梓し、「九州王朝説」を発表してから、五十年を迎えます。これを記念し、この論集では、「九州王朝のはじまりから王朝交代まで」をわかりやすく説明することとしました。

歴代中国王朝の史書に見える、俾弥呼・壹與・倭の五王（讃珍済興武）・多利思北孤などの倭国の王の名は、『日本書紀』には一切記されず、逆に、『書紀』がその事績を喧伝する「厩戸皇子」は勿論、歴代の天皇の名も中国史書には全く見えません。この謎を解くことは、「我が国の代表者は、ヤマトの王権以外にはなかった」とする「一元史観」の視点では容易ではないのです。

しかし、古田氏の「大和朝廷成立以前の我が国には、各地に王権が存在した。その中でも中国から我が国の代表とみなされていたのは、九州を本拠とする倭国（九州王朝）だった」とする「多元史観」なら、解答は容易です。この論集では、その「解答」となる論考を収録しています。また、「一元史観」の研究者がなかなか認めようとしない、「倭国（九州王朝）の年号である九州年号の実在」も明らかにしています。

この機会に、多くの方に本書をお読みいただき、古田氏の九州王朝論、多元的史観を理解していただくことを願います。

巻頭言

覚悟を決めた第二著『失われた九州王朝』

古田史学の会　代表　古賀達也

「その覚悟は第二著を出すときに決めました。」

古田武彦先生のこの言葉に、わたしは身の引き締まる思いがした。

この言葉を聞いたのは三十数年前のこと。わたしは古田武彦講演会開催のため先生と博多の地で落ち合った。そのとき、わたしは国歌「君が代」の詞が志賀島の白水郎らにより古くから風俗歌・地歌として香椎宮の祭礼で奉納されていることから、九州王朝内で作歌されたとする研究を先生に報告した。ところがその前日、偶然にも古田先生らは糸島・博多湾岸に「君が代」の歌詞に相応する地名「千代」「井原《いわら》」や「細石《さざれいし》神社」「苔牟須売神《こけむすめのかみ》」を見いだし、既に同様の結論へと向かっていた。この新説は翌日のシンポジウム「続、邪馬壹国と九州王朝」（市民の古代研究会主催、一九九〇年三月二十四日）で古田先生により緊急発表された。そして『「君が代」は九州王朝の讃歌』『「君が代」、うずまく源流』(注1)が刊行された。後者には共著者の一人としてわたしも名を連ねさせていただいた。

当時の世相は「君が代」法制化の是非で揺れていた。そのため、国歌「君が代」を九州王朝の讃歌とする書籍発刊により、脅迫や危害が先生に及ぶのではないか。その懸念を伝えたとき、冒頭の言葉が発せられたのだ。後に知ったが、ご自宅には脅迫電話が続いていた（冷子夫人談）。

この〝覚悟を決めた〟第二著とは『失われた九州王朝』（朝日新聞社、一九七三年）である。同書は古田史学の運命をも決めた一冊であった。第一著『「邪馬台国」はなかった』（同、一九七一年）は、倭人伝の中心国名を原文通り邪馬壹国とし、博多湾岸にあったとするもので、古代史学界は「邪馬台国九州説」の新説の一つとして受容できた。しかし、古代日本の代表王朝「倭国」を大和朝廷ではなく九州王朝とする『失われた九州王朝』は、日本古代史にパラダイムシフトをもたらす一書であったため、七〇一年まで続いた九州王朝の存在を、学界はまだ認めることもできないでいるように見える。同書発刊五十周年を迎えた今日に至っても、九州王朝説に触れない論文発表が学界の趨勢であり、九州王朝説に好意的な論文など絶無と言ってよいであろう。古田説支持者による、九州王朝説に基づく学会発表や学会誌への論文掲載が拒絶される現実が続いているのである。

こうした学界の情況にわたしたちは奮い立ち、「古田史学の会」を創立し（一九九四年）、そして「亡師孤独」の時代（古田先生、二〇一五年逝去）にあっても、九州王朝研究の学的水準を高めるべく研鑽を重ねた。その最新の研究成果を収録したのが本書だ。なかでも巻頭の二編、正木裕氏「倭国（九州王朝）略史」と谷本茂氏「古代日中交流史研究と『多元史観』」は、研究史的にも意義深いものになるであろう。

前者は、天孫降臨から大和朝廷への王朝交替までの九州王朝の歴史を簡潔に綴った論稿であり、『失われた九州王朝』を発展させたものであるが、その背景には「古田史学の会」での十年以上に及ぶ研究の積み重ねがあった。言わば、古田学派内での検証を経た仮説群により成立した九州王朝略史だ。したがって、それは正木説であると同時に、古田学派の現在の到達点の一端を示すものでもある。

後者は、九州王朝説の史料根拠である古代中国史書（倭国伝）史料批判の新視点提起の試みであるとともに、多元史観・九州王朝研究史概論でもある。ちなみに、谷本氏は学生時代（京都大学工学部）から古田先生の薫陶を受け、短里研究では傑出した業績「『周髀算経』之事」（『数理科学』一九七八年）を残している。

二一世紀を生きるわたしたちが、第二著『失われた九州王朝』に導かれ、その頂上《いただき》を目指したように、未来の読者にも本書との出会いをきっかけとして、本書を超える九州王朝研究に挑戦していただきたいと願っている。「学問とは自説が時代遅れになることを望む領域」(『職業としての学問』マックス・ウェーバー)だからである。〔令和五年(二〇二三)二月七日、識す〕

【注】

(注1)古田武彦『「君が代」は九州王朝の讃歌』新泉社、一九九〇年。古田武彦・藤田友治・灰塚照明・古賀達也『「君が代」、うずまく源流』新泉社、一九九一年。

古代に真実を求めて
古田史学論集　第二十六集

九州王朝の興亡

もくじ

特集
九州王朝の興亡

◉付録

特集

九州王朝の興亡

倭国（九州王朝）略史

正木　裕

古田武彦氏は『失われた九州王朝―天皇家以前の古代史』（朝日新聞社一九七三年）で、大和朝廷に先在し、我が国の代表者として歴代中国王朝と交流してきた「九州王朝」の存在を示した。発刊五十年にあたり、古田氏や古田氏以来の様々な研究に基づく九州王朝の歴史を概括していく。

一、【『旧唐書』に記す倭国（九州王朝）と日本国（大和朝廷）】

中国の唐代の史書『旧唐書』には、我が国に「倭国」と「日本国」の「二つの国」があるとする。

（解説）『旧唐書』に記す倭国

「倭国」は、紀元五七年に、後漢光武帝から金印（＊志賀島の金印）を下賜された「倭奴国《ゐぬこく》」（注1）以来、歴代の中国王朝と交流してきた国で、西端から東端まで五ヶ月、北端から南端まで三ヶ月かかる領域を版図とする大国だとする。

一方、「日本国」は、ヤマトを中心とし、のちに「畿内」と呼ばれる領域を版図とする小国だったが、倭国を併合したと記す。

①『旧唐書』倭国伝に記す「倭国」

倭国は古《いにしえ》の「倭奴国」なり。京師（＊長安）を去ること一萬四千里、新羅の東南大海の中に在り、山島に依りて居す。東西五月行、南北三月行。世、中国と通ず。四面小島。五十余国、皆付属す。

「古は志賀島の金印を下賜された倭奴国」とし、「山島に依りて居す・四面小島」と記すのは、倭国とは、「本拠を九州島とする国」であることを示す。

②『旧唐書』日本国伝に記す「日本国」

日本国は、倭国の別種なり。その国、日の辺に在るが故に、日本を以って名と為す。あるいは曰く、倭国自らその名の雅びならざるをにくみ、改めて日本と為す、と。あるいは云う、日本はもと小国にして倭国の地をあわせたり、と。その人朝に入る者、多くは自ら大なるをおごり、実を以って対せず、故に中国はこれを疑ふ。また云う、その国界は東西南北各数千里西界と南界は大海にいたり、東界と北界には大山ありて限りとなす。山外はすなわち毛人の国なり。

唐代の一里は諸説あるが、一尺三十センチメートルで計算すると約五百四十メートル。数千里なら二千～三千キロメートルで、中国深くまで範囲に入るから日本国の領域ではありえない。『魏志倭人伝』の短里（七十五メートル）なら、日本アルプスを東限とする、大和を含む三百～四百キロメートルの範囲で、今の近畿地方程度となろう。（＊以下、便宜上『旧唐書』のいう「倭国」を「倭国（九州王朝）」あるいは、単に「九州王朝」といい、小国時代の日本国を「ヤマトの王家の領域」あるいは「ヤマトの王家」という。）

大和朝廷が七二〇年に編纂した『日本書紀』には、『旧唐書』は勿論、『後漢書』『三国志』『宋書』『隋書』などの海外史書に見える、「倭奴国王・俾弥呼・壹與・倭の五王（讃珍済興武）・多利思北孤」ほかの「倭国」の王の名は一切記されず、逆に、『書紀』に記す天皇たちの名は、これら海外史書には見えない。

そして、「倭国」の地理・風土（＊例えば『隋書』には、阿蘇山があり、水多く陸少なく、冬も暖かい国と記す。）は九州の国であることを示す。

また、国内を見ても、『二中歴』や『続日本紀《しょくにほんぎ》』をはじめとする多数の文献は、七〇一年の大和朝廷の「大宝建元」以前に「九州年号」が存在したと記し、また、「木簡」からは七世紀に「評」という地方組織の存在が確認されるが、『書紀』には九州年号も評も記されない。

これは、『書紀』には記されないが、我が国には、大和朝廷の成立（＊七〇一年の律令・年号の制定を画期とする）以前に、一世紀の倭奴国以降七百年続いてきた王朝、「九州王朝」が存在したことを物語っている。

以下では、こうした『書紀』に記されない九州王朝の歴史を、紀元前十一世紀ごろの「倭人の登場」から始めて述べていく。

（解説）①「九州年号」

我が国には、「磐井」時代の継体年号（五一七年～五二一年）に始まり、大化年号（『二中歴』では六九五年～七〇〇年）まで続く連続した年号があり、(注2)『続日本紀』に記す聖武天皇の詔勅や法令（『類聚三代格』）ほか多数の文献に記されている。この年号は鶴峰戊申《つるみねしげのぶ》（一七八八年～一八五九年）著の『襲国偽僭考《そのくにぎせんこう》』に、「古写本九州年号」によるとの記述に基づき「九州年号」と呼ばれている。

②「評制」

また、『書紀』では七〇〇年以前の我が国の地方統治制度は「郡制」だと書かれている。ところが藤原宮始め様々な遺跡から発掘される「木簡」では、七〇〇年以前は全て「評」と書かれている。これは、「評制」は、ヤマトの王権（天皇家）の制度ではなく、倭国（九州王朝）が創設し、日本国（大和朝廷）が大宝律令の施行により七〇一年に廃止した制度であることを示している。

二、【倭人の登場】

文献上の倭国（九州王朝）は、周王朝の成立時の「倭人の朝貢」に起原を持つ。中国の文献では、紀元前十一世紀～十世紀に、東夷の倭人が周王朝へ朝貢、鬯草《ちょうそう》を献じ、「味《まい》（舞）」を奉納したと記す。これは当時朝鮮に封じられた「箕子《きし》」を仲介とすると考えられる。

（解説）「倭人の朝貢」

倭人の周王朝への朝貢は、以下の史書に記されている。

◆『論衡』（後漢の王充、二七年～九一年）

周の時、天下太平にして、倭人来たりて鬯草を献ず。（異虚篇）・成王の時、越裳《えつしょう》雉を献じ、倭人鬯（草）を貢ず。

（恢国篇）

（＊「成王」は周の二代目の王、「鬯草」は酒に醸す薬草、越裳は中国南部～越南の民。）

◆『礼記』（編纂は前漢の「戴聖《たいせい》」とされる）

味《まい》、東夷の樂なり。任、南蠻の樂なり。夷蠻の樂を（周公の）大廟に納む。（＊今日でも我が国の舞楽を「舞《まい》」という。）

◆『漢書』（地理志第八燕地）（班固《はんこ》、三二年～九二年）

玄《げん》菟《と》楽浪《らくろう》、武帝の時、置く。皆朝鮮・穢貉《わいばく》・句麗の蛮夷。殷の道衰え、箕子去りて朝鮮に之く。其の民に教うるに礼義を以てし、田・蚕織《さんしょく》を作《な》さしむ。（＊箕子が「田蚕織作」すなわち「水田耕作と絹織物の製作を半島の民に伝えた」という。）

王充も班固もその生存期間から、「五七年の倭奴国王の朝貢と、金印下賜」を了知し、彼らは「倭人とは北部九州の倭人だ」と意識していたことになる。

倭奴国・邪馬壹国の使人が「大夫」を名乗っており、「大夫」は夏、殷、周と続くが、周代で断絶する官制だから、倭人は単に朝貢しただけでなく、周の「官制」も理解し、伝えていたことがわかる。

◆『後漢書』「（＊倭奴国の）使人自ら大夫と称す」。

◆『魏志倭人伝』「倭の女王、大夫難升米《なんしょうまい》等を遣わし郡（＊帯方郡）に詣《いた》る。」

こうした事実は、近年の年輪年代法や放射性炭素年代測定法（C14法）の進歩で、北部九州の水田の始まりが、周王朝の初期にあたる「紀元前十～九世紀に遡る可能性が高い」とされるなど、裏付けが進んでいる。（＊二〇一五年の国立歴史民俗博物館の発表による。）

三、【九州王朝の始まり】

九州王朝は、紀元前二～三世紀ごろに、朝鮮海峡を拠点とする銅矛・銅剣などの青銅の武器を携えた勢力（＊仮に「銅矛勢力」という）が、「縄文系」の人々が栽培していた、北部九州の稲作地帯（＊縄文水田地帯＝神話では「瑞穂の国」）に侵攻し、従来の統治者出雲（大国）から支配権を奪うことから始まる。これは『記紀』神話では、「大国主の国譲り」と邇邇芸《ににぎ》らの「天孫降臨」として語られる。

（解説）「天孫降臨」神話が反映する史実

いわゆる「天孫降臨（銅矛勢力の北部九州侵攻）」の年代は、紀元前二世紀ごろと考えられる。これは同時期の遺跡である「吉武遺跡群（福岡市西区）」から、我が国で最も早く「三種の神器（鏡・玉・剣）」が出土すること、石の武器（石鏃等）を埋納する縄文系の支石墓《しせきぼ》が北部九州で終期を迎えることから推察できる。また、従来の統治者が「出雲（大国）」だったことは、福岡県の宗像周辺から出土する「弥生の土笛（陶塤《とうけん》）」の中心地は出雲であることから知られる。

また、降臨の地が「宮崎の日向」ではなく「筑紫・博多湾岸の日向」であることは、①降臨神話（『古事記』）で、邇邇芸の降臨時の言葉の、「此の地は、韓国に向ひ真来通り（＊真っすぐ行路が続いている意味）、笠沙（＊御笠川河口の砂州）の御前にして、朝日の直刺す国、夕日の日照る国なり。故、甚だ吉き地」が、半島との窓口怡土《ゐと》平野に相応しいこと、②また、降臨地は「筑紫の日向の高千穂の久士布流多気《くしふるたけ》」とあるが、その「日向」地名は、「高祖《たかす》連山」の東の山麓の吉武遺跡群と、西の山麓の怡土平野三雲・井原とを結ぶ街道にある（日向山・日向川など）。そして、中央の高祖連山には「くしふるやま」があることから知られる。(注3)

四、【怡土平野王都時代＝九州王朝の成立】

1、高祖連山周辺に進出した銅矛勢力は、紀元前後三百年間にわたり、筑紫怡土平野を拠点に統治する。

（解説）「怡土平野での統治」

「怡土平野での統治」は以下の事から確かめられる。

①文献では、邇邇芸の次代の日子穂穂手見《ひこほほでみ》が、高千穂宮に五百八十年統治し（＊伍佰捌拾歳坐す）、高千穂山の西に陵があると記され、その記事どおり、高祖連山の西の山麓に日子穂穂手見を祭る「高祖《たかす》神社（福岡県糸島市高祖）」があり、②「五百八十年」とは「一年を二歳と計算する二倍年暦」で、歴代の王は「日子穂穂手見」の名を「襲名」し、二百九十年間統治したことになる。③これを裏付けるように、考古学上も、「高祖連山」の西の怡土平野に、「三種の神器」遺物が出土する「三雲・平原・井原」などの王墓級の遺跡が、紀元前後約三百年間続く。④そして、「日子穂穂手見」は稲作にちなむ名前であり、「瑞穂の国」の新たな支配者の名に相応しい。

「二倍年暦」は一年に二歳年を数える暦法。古代の天皇の年齢の平均は初代神武から二十一代雄略までの平均が九十六歳（『古事記』による）。八世紀文武以降二十一代の平均は五十一歳だから二倍になっている。文献では『魏略』（三世紀の魚豢の著）に、「（倭人）の俗、正歳四節を知らず、但々春耕秋収を計りて年紀となす」とあるのが「二倍年暦」を示すとされる。

2、この怡土平野を拠点に、銅矛勢力は、筑前・筑後を討伐し、次いで九州一円を平定していく。

（解説）「九州島内の統治」

九州島内の統治の進展経緯は、次の様に『書紀』に剽窃されている。

①降臨直後の「筑前・筑後平定譚」は『書紀』神功紀羽白熊鷲《はしろくまわし》・田油津媛《たぶらつひめ》討伐譚に、②「日向三代」（邇邇芸・日子穂穂手見・鵜葺草葺不合《うがやふきあへず》）時代の「九州一円平定譚」は、『書紀』景行紀・仲哀紀の熊襲討伐譚に盗用されていると考えられる。(注4)

3、約三百年間続く「怡土平野王都時代」中の紀元五七年に、「倭奴《ゐぬ》国王」が漢の光武帝から金印（＊志賀島出土の「漢倭奴国王」印）を授かり、一〇七年に帥升《すいしょう》が朝貢する。この「漢」による王権の承認で、筑紫の銅矛勢力は、我が国の代表者となり、ここに倭国（九州王朝）が成立する。

（解説）「志賀島の金印（漢倭奴国王印）」

「漢倭奴国王」を「かんのわのなのこくおう」と読むのは、以下の点から誤り。①「奴」の読みは「ぬ・の・ど」で、「な」とは読めないこと、②「倭奴」は中国北方の、たけだけしい・まつろわぬ「匈奴（きょうど・フンヌ）」と、「やさしい・従順な」意味の「倭奴」で対になること。従って「ゐどこく・ゐぬこく」と読むべき。そして「金印下賜」は、漢が「倭奴国王」を「倭奴」すなわち「倭人の国全体の王」と認めたことを示している。

五、【銅鐸圏への侵攻と「神武東征」】

九州王朝は、九州平定後には、我が国の東部（中国地方東部・四国東部より以東）に存在していた、銅鐸を祭器とする人々の領域「銅鐸圏」にも支配を拡大していく。

銅鐸圏へは、弥生時代の長期にわたり幾度となく侵攻が試みられ、記紀神話の「神武東征」譚は、そうした「銅矛圏と銅鐸圏の抗争」の一環で、神武（神倭伊波礼毘古《イワレヒコ》）達は、一世紀ごろ糸島から出発し、「銅鐸圏の末端」の大和南部に進出できた初期の集団と考えられる。

（解説）「神武東征」

『記紀』に記す「神武東征」譚のうち、河内湖に突入し敗北、ちぬの海（大阪湾）に逃れ、紀ノ川河口の竈山《かまやま》で兄「五瀬命《いせのみこと》」を埋葬したところまでは、不名誉な敗北譚であり、地名・地勢も当時の状況と整合していることから、全くの創作ではない。出発地が宮崎の日向でなく、「筑紫糸島の日向《ひなた》＝怡土平野」である点を除き、概ね史実を基に記されていると考えられる。

しかし、竈山以降の行程、すなわち「熊野経由で大和に入り、橿原宮で即位する」話は、①河内での敗残兵が備蓄もなく、海の難所の熊野灘を経由し、②地理不案内の熊野山中を、降臨神話に見える「天照や高木の神」が助け進軍し、③その呼称も「天神御子」に変わり（＊「天神御子」の呼称は熊野から紀伊半島を縦断し、大和盆地に突入するまでの間のみに使用されている）、向かうところ敵なしの活躍をするなど不自然な点が多く、これは「天孫降臨神話」からの盗用だと考えられる。[注5]

六、【「倭国大乱」の実相】

その後の倭国（九州王朝）は、後漢末から三国（魏・呉・蜀）時代の初期（二世紀末〜三世紀初頭）の中国・半島の混乱（黄巾の乱・公孫氏の勃興など）の影響を受け、統治が乱れ、「内乱」が生じる。この「内乱」を『後漢書』は「倭国大乱」だと記す。

（解説）「倭国大乱」は「小乱」だった

◆『後漢書』（巻八十五、倭伝）（范曄《はんよう》三九八〜四四五）桓・霊の間（＊数十年間）、倭国大いに乱れ、更々《こもごも》相攻伐し、歴年主無し。一女子有り、名を卑弥呼《ひみか》と曰う。年長ずれども嫁せず。鬼神道に事へ以て能く衆を妖惑す。是に共立して王とす。

しかし、『後漢書』記事の元となった『三国志』（『魏志倭人伝』）には「大」は無く、「乱れ」・「相攻伐すること歴年」とあるのみだ。

◆『魏志倭人伝』（陳寿二三三〜二九七）其の国（＊倭国）、本亦、男子を以って王と為し、住まること《とど》（＊在位）七、八十年。倭国乱れ、相攻伐すること歴年、乃ち一女子を共立して王と為す。名は卑弥呼と曰ふ。

そして、『三国志』の「歴年」の用例が短期間を示すことから（＊例『三国志』鍾繇《しょうよう》伝「臣又疾病し、前後の歴年（＊ここ数年）、氣力日に微える《おとろ》。」など）、実際は前代の男王末期で、俾弥呼即位直前の「数年〜高々十年間」ほどの混乱（小乱）だったと考えられる。（注6）

七、【博多湾岸王都時代】

九州王朝は、この内乱を俾弥呼や壹與といった「女王の共立」により収め、「魏」を宗主国とすることで政治を安定させ、博多湾岸を王都とし勢力を拡大していく。

『魏志倭人伝』では、帯方郡~女王国（邪馬壹国）の距離は萬二千余里とあり、邪馬壹国の中心は九州北部博多湾岸に存在したことになる。

（解説）「邪馬壹国の位置」

『韓伝』の「韓は方四千里（実距離三百キロメートル）」から、一里は約七十五メートルで、これは周代の数学書『周髀算経《しゅうひさんけい》』からも確かめられている。（注7）

萬二千余里のうち狗邪韓国までの七千余里、狗邪韓国~対海国~一大国~末盧国（松浦半島）の距離合計の三千余里と、対海国「方（一辺）四百余里」・一大国「方（一辺）三百余里」を越えるための「半周（八百余里・六百余里）」の合計千四百余里を合計すれば一万千四百余里となる。そこからさらに末盧国~伊都国の五百里と伊都国の東の不彌国までの百里を加えれば「萬二千余里」となり、「邪馬壹国」は、「不彌国の南に距離ゼロ（或いは余里の範囲）で隣接する博多湾岸の国」となる。なお、現存する『三国志』の全ての版本は「台・臺」ではなく「壹」であるから、「邪馬壹国」と書くのが正しい。（注8）

これは、『倭人伝』に関する「遺物」（鉄や弥生絹・墨痕付き硯など）が博多湾岸に集中することや、俾弥呼時代の都市化の研究により、当時の我が国で、博多駅南方の「比恵《ひえ》・那珂《なか》遺跡」に比する都市化は見られないとされることから、考古学的にも確認される。

（解説）『魏志倭人伝』に記す事物

『倭人伝』に邪馬壹国にあると記す事物で、鉄製品や弥生絹が北部九州に集中することは以前から知られていたが、近年「文書外交」を裏付ける「硯」が博多湾岸を中心に多数発見されている。また、遺跡についても、近年発掘の進展に伴い、「都市化」の観点からの研究が進み、現地の研究者からも「比恵・那珂遺跡」が有力との発表も行われた。

◆久住猛雄（福岡市埋蔵文化財課）「弥生時代終末期から古墳時代初頭の三世紀（＊俾弥呼の時代）にかけて、全国でもっとも都市化が進んだ地域は、ＪＲ博多駅南の那珂川と御笠川に挟まれた台地上に広がる比恵・那珂遺跡地域である（注9）」。

俾弥呼は『倭人伝』に記すように、景初二年（二三八）に魏に遣使し、「邪馬壹国」との国名と「親魏倭王」の称号・金印を得る。そして、「魏」の支援を背景に、国内では東方の銅鐸圏（『漢書』地理志・呉地条に記す「東鯷国《とうていこく》」）に進出していく。

（解説）「俾弥呼の遣使年次」と「東鯷国」

『魏志倭人伝』には「景初二年六月」とある。魏の明帝は、景初二年（二三八）正月に公孫淵討伐を命じ、「軍を潜めて」半島に渡海させ、公孫淵を包囲し、八月には遂に公孫氏一族を悉く誅殺する。

俾弥呼が遣使した景初二年六月は、帯方郡はかろうじて回復したが、いわば「戦中」だった。俾弥呼の朝貢品が貧弱なのに対し、明帝の恩賞が膨大なのも、「戦中遣使」だったからだと説明できる。『書紀』が明帝は既に没している「明帝の景初三年六月」とするのは不自然なうえ、帰趨を見てからの「戦後遣使」となり、朝貢品と恩賞の不均衡が説明できない。

『漢書』等によると、漢代には、九州を中心とする「燕地に属する倭人の国」と、我が国東部の「呉地に属する東鯷人の国・東鯷国」があったと記す。

◆『漢書』（地理志、燕地）「楽浪海中倭人有り。分れて百余国を為す。歳時を以て来り献見すと云ふ。」、（呉地）「會稽海（＊東シナ海）外東鯷人有り（注10）。分れて二十余国を為す。歳時を以て来り献見すと云ふ。」

◆『後漢書』（東夷列伝、倭）會稽海外東鯷人有り。分れて二十餘国を為す。

二八〇年の呉の滅亡を契機に、九州王朝は魏と結び、吉備～河内に進出、ヤマトの神武の子孫らと連携し、親呉の銅鐸国「拘奴国《こうぬ》」（摂津～河内～三島など）を討伐する。この「拘奴国討伐」は、『書紀』の「崇神・垂仁紀」の建《たけ》波邇安《はにやす》や、沙本毘古《さほひこ》の反乱譚として記されている。

（解説）「拘奴国」と「銅鐸国」

古田氏は次の点を挙げて「拘奴国」を銅鐸国とする。

①『後漢書』「倭伝」「女王国より東。海を渡ること千餘里。拘奴国《こうぬ》に至る。皆倭種なりといえども、女王に屬せず」とあるところ、『後漢書』には金印が書かれ使者も往来しており、倭国の地理を理解していたと考えられる。従って、漢代（＊或は執筆時の宋代）の「一里四百メートル超（四百～四百五十メートル）の長里の千里」で理解すべきだ。

②博多湾から千餘里（四百～四百五十キロメートル）は「銅鐸国」即ち、「兵庫東南部・大阪北中部・京都南部・奈良北部」にあたる。[注11]

その後、銅鐸を造っていた工人や、銅鐸祭祀を行っていた勢力は畿内から東方へ移動するが、四世紀に、銅矛勢力（九州王朝）は後期の銅鐸圏の拠点近江を討伐、銅鐸勢力は滅びていく。この近江討伐譚は「神功紀」の麛坂王《かごさかおう》・忍熊王《おしくまおう》討伐譚として記されており、考古学上でも、四世紀ごろに、銅鐸が壊されたり埋葬され消滅していくことから裏付けられる。

（解説）「銅矛勢力による近江討伐」

近江が後期銅鐸の中心であることは、守山市の野洲川下流域にある大岩山から、我が国最大の大岩山銅鐸（百三十五センチメートル）など二十四個の銅鐸が発見されたことから明らか。一方、銅鐸祭祀は三世紀末〜四世紀初頭に消滅していくが、『書紀』で「近江討伐」を記すのは、七世紀の壬申の乱以外では「麛坂王・忍熊王討伐譚」しかない。神功紀には俾弥呼・壹與に模した「倭の女王の朝貢」が記されるほか、百二十年繰上げた「四世紀の新羅討伐譚」も記される。従って「銅鐸圏の消滅」は神功紀の期間に入ることとなり、麛坂王・忍熊王討伐譚が銅矛勢力の近江討伐の反映である可能性が高いと言える。(注12)

八、【筑後王都時代】

俾弥呼時代に九州王朝（邪馬壹国）は、半島辰韓の鉄を利用していた（＊『魏志倭人伝』の「辰韓」に、「国は鉄を出し、韓、濊《わい》、倭はみな従いこれを取る」とある。）が、四世紀に入ると、鉄の需要の高まりと、「新羅の勃興（＊新羅・百済が「国」として中国史書に見えるのは四世紀から）」により、「鉄」を巡る半島での覇権争いが激しくなる。壹與の後代の九州王朝の女王（＊筑後の「高良玉垂命」と考えられる。）は、鉄を求め半島に出兵するとともに、新羅の侵攻に備え、博多湾岸から筑後に王都を遷す。

（解説）「神功皇后のモデル高良《こうら》玉垂命《たまたれのみこと》」

九州王朝の新羅遠征は、「神功紀」の半島出兵譚（＊いわゆる「三韓征伐」）として記され、半島史書から「二運百二十年繰り上げ」られたことが明らかになっている。従って『書紀』二四九年の神功の半島七国平定の実年は三六九年で、これは「大善寺玉垂宮の由緒書」等に記す、筑後の高良玉垂命の伝承（＊三六八年に賊徒を退治、三六九年に筑後三潴《みずま》に遷る）と整合する。

また、玉垂命の没年（三九〇年）は、「応神」即位の実年（＊神功薨去《こうきょ》の翌年の庚寅三九〇年）と一致し、神功のモデルが玉垂命であることを示している。

九、【対外戦争の時代】

玉垂命を継ぐ五世紀の九州王朝の王（いわゆる「倭の五王」）は、半島に盛んに出兵し、高句麗・百済新羅と覇権を争う。

（解説）「倭の五王」は九州王朝の大王たち

中国の歴史書『晋書』『宋書』『南斉書』『梁書』に記される倭国の、「讃」―弟「珍」―息子「済」―息子「興」―弟「武」という、いわゆる「倭の五王」は、日本の天皇とは続柄や在位年が合わない。

また、考古学的には、「倭王武」の時代の五世紀末ごろから六世紀初頭に、北部九州様式の古墳群が韓国栄山江流域に現れ、遺物も北部九州と一致し、これらは北部九州の勢力が造ったと考えられている。従って、「倭の五王」は五世紀の九州王朝の大王であり、玉垂命を継ぐ「讃」は「応神」に擬せられていることになろう。

九州王朝は、「讃」の時代に半島に攻勢をかけ、侵攻していった。これは、『百済記』を引用する『書紀』の二七七年・実年三九七年に、「百済の地を倭国が奪った」とあることで分かる。

◆『書紀』応神八年（二七七年・実年三九七年）の春三月に、百済人来朝り。百済記に云へらく、阿花王、立ちて貴国に礼无《な》し。故に、我が（略）東韓の地を奪はれぬ。

しかし、五世紀の高句麗の「長寿王時代（在位四一三年〜四九一年）」には、劣勢を続け、「済」や「興」は敗北して亡くなるが、五世紀後期後半の「倭王武」の時代には、再び攻勢を強め百済に侵攻し支配していく。

（解説）「倭王武の半島進出を証する百済地域の古墳群」

近年旧百済地域の遺跡の発掘・研究が進み、五世紀末から六世紀初頭に、北部九州勢力の進出が明らかになった。

従って、海北（半島）を平定したとする「倭王武」が九州王朝の王である可能性が非常に高くなってきた。

◆『宋書』（倭王武の上表）順帝の昇明二年（四七八）、使を遣わして上表して曰く、（略）興死して弟武立つ。……東は毛人を征すること、五十五国。西は衆夷を服すること六十六国。渡りて海北を平ぐること九十五国……奄《にわか》に父兄（＊済・興）を喪い……今に至りて、甲を練り兵を治め、父兄の志を申《の》べんと欲す。

そして、次のような研究により、百済地域の古墳群が「北部九州勢力の進出を示す」とされている。

◆韓国旧百済栄山江流域に五世紀末ごろ突然出現し六世紀前半に消滅する十七基の前方後円墳は、墓の様式や出土品が北部九州と一致。

①栄山江流域を中心に分布しており、韓国のそれ以外の地にはみられない。
②古墳群のように一箇所に集中しておらず広く分布している。
③他の韓国式古墳群とは離れた場所に孤立しているものが多い。
④若干の異論もあるが、五世紀末～六世紀初めの築造とみられる。

これらの前方後円墳は五世紀末～六世紀初頭に北部九州の勢力が造ったと考えられる。(注13)

近年では北部九州様式の前方後円墳の発掘数はさらに増えるとともに、方墳や円墳にも北部九州様式のものが多く発掘され、多数の北部九州勢力の半島駐在が確認されている。

十、【半島での敗北の時代】

「筑紫君磐井（『書紀』では国造）」は、五世紀末に百済に進出した「倭王武」を継ぐ六世紀初頭の倭王であり、彼は半島で影響力を弱めた中国南朝（梁）への朝貢・臣従を止めて、自ら「律令」と「九州年号」を制定する。

（解説）「磐井の律令」

五〇二年に南朝斉を倒した梁は、翌五〇三年に俾弥呼・壹與が臣従した西晋時代以来の泰始律令（二六八年制定）を廃止、新律令（梁律）を制定する。これをうけ、ほぼ時期を同じくして磐井も律令を制定する。古田氏は「大化改新と九州王朝」（『市民の古代』第六集・一九八四年）で、『筑後国風土記』の磐井の乱における磐井の墳墓（岩戸山古墳）の描写に「解部《ときべ》」「偸人《とうじん》」「贓物《ぞうぶつ》」等の用語が見られることに注目し、これは「裁判用語」であり磐井が律令を制定したことを示すものだとした。

最初の九州年号継体（五一七〜五二一）あるいは善記（五二二〜五二五）、正和（五二六〜五三〇）は、磐井の時代にあたる。

磐井は、半島南部の利権（任那・加羅）を巡り新羅と争うが、「毛野臣の反乱」を機に任那は新羅に併合され、その回復戦の途上で磐井も命を失う。

なお、『書紀』に「磐井、火・豊、二つの国に掩《おそ》ひ拠る。高麗・百済・新羅・任那等の年に職貢る船を誘り致す。」とあるのは「磐井は筑紫・火・豊を支配する九州の大王で、半島諸国は磐井に朝貢していた。」という事実を記すもので、いわゆる「磐井の乱」とは、任那における「毛野臣の新羅と結んだ反乱」を材料に、磐井と毛野臣・継体を「入れ替え」て「磐井の乱」を創作したと考えられる。

（解説）『書紀』に記す「磐井の乱」の実相

「磐井の乱」は、『書紀』編者が「近江毛野臣の謀反事件」を利用し、「継体・毛野臣」を「磐井と入れ替え」て創作したものと考えられる。

『書紀』は五三四年の継体崩御を、『百済本記』五三一年の「日本天皇及び太子・皇子、倶に崩薨りますといへり」に合わせ、「三年繰り上げ」た。

これにより『書紀』記事は順次「三年繰り上げ」られることになり、五二八年と記す「磐井の死」は、実は「三年後」の五三一年で、『百済本記』の日本天皇の崩御年と一致する。従って五三一年に崩御したのは継体ではなく磐井と考えられる。

さらに、磐井の乱の発端となった五二七年の「毛野臣の半島渡海」の理由は「新羅の南加羅併合」だが、『書紀』では、実際の併合は「毛野臣渡海後」で、しかも、その原因は「毛野臣」が引き起こした騒乱にあると記す。そうであれば「毛野臣の半島渡海」も三年後の五三〇年の事となるが、「毛野臣」は半島にいて新羅による併合を招いた張本人だ。南加羅回復のために半島に渡海した、或いは渡海を命じたのは磐井で、これを阻止しようとしたのが、半島で騒乱を起こした毛野臣となる。その詳しい経緯は、古田史学論集第二十三集（『古事記』『日本書紀』千三百年の孤独）の拙稿「継体と『磐井の乱』の真実」に記すが、磐井はその混乱の中で崩御したことになろう。

磐井の後継「葛子」以下の倭王らは、失われた半島の利権復活を目指し、高句麗・新羅・百済と半島で覇権を争う。

（解説）「磐井後の倭王の半島出兵」

『書紀』欽明紀には、五五一年～五五六年にかけて、大伴連狭手彦《さでひこ》・筑紫の内臣・筑紫国造鞍橋《くらぢ》の君・筑斯物部莫奇委沙奇《まがさやか》・筑紫火の君ら「筑紫の勢力の半島出兵」が記されるが、『書紀』欽明二十三年（五六二）正月条に「新羅、任那の官家を打ち滅す」とあるように、終に九州王朝の任那支配は回復しなかった。

十一、【「日出る処の天子」阿毎多利思北孤の即位】

六世紀末の九州年号「端政元年（五八九）」に、「俀王《たゐ》（注14）」阿毎多利思北孤《あまのたりしほこ》が即位する。

彼は六〇〇年・六〇七年の二度にわたり、「日出る処の天子」を自称し隋に遣使した。多利思北孤は、ヤマトの王家の厩戸皇子とは別人の九州王朝の天子で、かつ法隆寺釈迦如来像光背銘に記す「上宮法皇」であり、同時に、聖徳太子のモデルだと考えられる。

◆『隋書』俀（倭）国伝。開皇二十年（六〇〇）俀王、姓は阿毎、字は多利思北孤、阿輩雞彌《あはきみ》と号す。使を遣わし闕《けつ》に詣でる。（略）王の妻は雞彌と号し、後宮に女六七百人有り。太子の名を利歌彌多弗利とす。

◆大業三年（六〇七）其の王多利思北孤、使を遣し朝貢す。使者曰はく、「海西の菩薩天子、重ねて佛法を興すと聞く。故に遣して朝拝せしめ、兼ねて沙門数十人、来らせ佛法を学ばす」といふ。其の国書に曰はく、「日出ずる處の天子、書を日没する處の天子に致す。恙無きや云云」と。

（解説）「多利思北孤は上宮法皇で聖徳太子のモデル」

一般には「厩戸皇子」が隋に遣使した多利思北孤で聖徳太子だとされている。しかし、厩戸皇子には「多利思北孤」という名も無く、また「利歌彌多弗利」という太子や、「雞彌」と呼ばれる妻はいない（＊皇子は山背大兄）。また、『隋書』に記す多利思北孤の国の風土は「水多く陸少い・阿蘇山あり」と記され、その気候も「温暖で草木は冬も青い」とあるからヤマトと全く異なる。

さらに、法隆寺釈迦如来像光背銘の「上宮法皇」も厩戸皇子とされるが、法皇の登遐は法興元三十二年（六二二）二月二十二日で、厩戸皇子の薨去の六二一年二月五日と異なり、母（鬼前《きせん》）太后・皇后（干食《かんじき》王后）の名も厩戸皇子と異なる（＊母は間人皇女、妃は菟道貝蛸皇女《うぢのかいだこのひめみこ》）。そもそも厩戸皇子は「法皇」になどなっておらず、光背銘に見える「法興」年号も厩戸皇子には無い。従って「上宮法皇」も厩戸皇子ではない。

一方、『隋書』の多利思北孤の国書に記す「重ねて仏法を興す」を略すと、上宮法皇の年紀「法興」になる。また、『聖徳太子伝記』や『正法輪蔵』などの太子の伝記が「九州年号」で記され、生誕は金光三年（五七二）で、「十八歳の国政執行年（即位年）」は「端政元年（五八九）」とされる。九州年号の「端政」は、「政治の始め（即位）」の意味で、太子の「国政執行」に相応しいが、厩戸皇子が「万機を委ねられた＝摂政即位」は五九三年で太子と異なる。さらに、菩薩の顔容は「端政」とされ（『讃阿弥陀仏偈』）、『隋書』に「菩薩天子」を称する多利思北孤に相応しい。また、多利思北孤の「仏教崇拝」や「官位十二等制定」はそのまま太子の事績と重なる。従って、多利思北孤こそ、仏教を篤く崇拝し、冠位十二階や十七条憲法を制定した「聖徳太子」の真のモデルであり、「上宮法皇」その人だと考えられる。

十二、【多利思北孤の仏教治国策と東方進出】

多利思北孤は、国内では、法興元年（五九一）に「法皇（上宮法皇）」に即位し（＊「法興」年号は、九州年号とは別の、多利思北孤の法皇としての年紀で「法皇即位の年数」を示す）、隋や新羅に倣い、当時渡来した「法華経」による「仏教治国策」を採用し、（＊『二中歴』端政年間注「唐より法華経始めて渡る」）、ヤマトの排仏勢力を一掃する。これがいわゆる「丁未の乱・物部守屋討伐」だ。

そして、難波・河内・和泉の支配勢力捕鳥部萬《ととりべのよろず》を排除し、(注15) 本拠九州のほかに難波にも拠点を設け東方の統治を進め、難波～斑鳩を結ぶ「大道（渋川道・龍田道など）」を建設、「仏教治国策」に基づき、街道に沿って四天王寺・渋川廃寺・衣縫廃寺・平隆寺・斑鳩寺・中宮寺等の大寺院を次々と建立し、各地に「寺院（国府寺）」を造営させる。

（解説）「大寺院・国府寺の造営」

難波から河内・ヤマトにかけての大寺院と、東国における国府寺の造営については、隋の楊堅（文帝）が、「新支配地」に寺院をたて、仏教による統治を行ったのに倣ったもの。文帝は支配地域の負担で仏塔を建てさせたが、多利思北孤も同様の手法を採用したようで、これについて『書紀』に以下の記事がある。

◆『書紀』推古二年（五九四）（九州年号告貴元年）春二月丙寅朔、皇太子及び大臣に詔して三寶を興し隆えしむ。是の時に、諸臣・連等、各の君親の恩の為に、競ひて佛舎を造る、即ち是を寺と謂ふ。（＊「告貴」は貴い仏法を告げるに相応しい年号と言える。）

◆『伝記』太子二十三歳（五九四）国毎に大伽藍を建て国府寺と名付けむと欲ふ。

多利思北孤は、「外交」では、前代の行ってきた「対外戦争」を止め（＊『隋書』に「征戦無し」）、六〇〇年・六〇七年・六〇八年に、隋に遣使し、途絶えていた中国との国交を回復し、統治の安定をはかる。ただ、その直後六〇八年の「煬帝の琉球侵略」を契機に「隋」と国交を絶つ。

◆『隋書』（俀国伝）大業四年（六〇八）使者を清（＊裴世清）に随い来らせ方物を貢ぐ。此の後遂に絶つ。

そして、隋の侵攻に備え「定居（六一一～六一七）」年間に、倭の五王以来拠点としていた、有明海沿いの筑後・肥後（＊磐井の墳墓は筑後八女の岩戸山古墳とされる）からの遷都を企画し、「倭京元年（六一八）」に、宮城を北方の博多湾岸近くに遷す（＊『聖徳太子伝記』の六一七年に「北方遷都予言」記事がある。これは太宰府遷都を意味すると考えられる。（注16））

そして、「内政」では、さらなる東方支配のための体制整備として、冠位十二階（＊『隋書』官位十二等）・十七条憲法を制定し、「道制（東海道・東山道・北陸道）」を敷き（＊『書紀』崇峻二年（五八九）に「東海道・東山道・北陸道」への使者派遣記事が見える。）、九州・筑紫と難波の「東西」二拠点での統治体制（両京制）による、全国統治を進める。（＊『旧唐書』に倭国の統治範囲は「東西五月行、南北三月行。世中国と通ず」とあり、これは南西諸島～九州～本州全体を指す。）

十三、【多利思北孤の崩御と利歌彌多弗利の即位】

そうした中で、法興三十一年（六二一）十二月には母の鬼前太后が逝去し、翌年法興三十二年（六二二）正月には多利思北孤（上宮法皇）が発病、二月二十一日に干食王后が逝去、翌日に法皇も登遐《とうか》する。こうした短期間に相次いで病没したのは、当時猖獗を極めていた天然痘に罹患したからだと考えられる。（注17）

この経緯は法隆寺釈迦如来像光背銘に「上宮法皇の登遐譚」として刻まれている。釈迦三尊像の脇侍が文殊菩薩と普賢菩薩ではなく、薬王菩薩と薬上菩薩なのは、天然痘の苦痛からの救済を願う表れだと考えられよう。

多利思北孤の崩御の翌年の六二三年には、『隋書』に太子と記す「利歌彌多弗利《りかみたふり》」が即位し、「仁王経伝来」にちなみ、年号を「仁王」と改元したと考えられる。（＊『二中歴』「仁王」（六二三〜六三四）細注に「唐より仁王経渡り、仁王会始まる」とある。）

彼は仏教治国策を継ぎ、「聖徳元年（六二九）」に法皇に即位したと考えられ、彼も聖徳太子のモデルとなる。

（解説）「もう一人の聖徳太子・利歌彌多弗利」

古田氏は、太子の名を「利、歌彌多弗《かみとう》（上塔）の利なり」と読み、倭の五王同様に「一字名」の「利」だとしている。

利歌彌多弗利の時代に、様々な資料に「聖徳」年号（六二九〜六三四）が見られる。「聖徳」年号は『二中歴』の仁王（六二三〜六三四）と一部分重複するが、『海東諸国記』『襲国偽僣考』『如是院年代記』『麗気記私抄』『茅窻漫録』や諸寺社の縁起等に広く記される。七世紀初頭の九州年号はおおむね五年程度の長さだが、仁王だけが十二年間続く。この後半に「聖徳」年号を入れると仁王六年間・聖徳六年間となり他の九州年号と均衡がとれる。そうしたことから「聖徳」は利歌彌多弗利の年号として存在したが、太子とされる厩戸皇子の没後なので不審に思われ削除されたのではないか。「聖徳」年号は、利歌彌多弗利もまた聖徳太子のモデルだったことを示している。(注18)

利歌彌多弗利時代の「聖徳三年（六三一）」に、唐より高表仁が派遣されるが、「利歌彌多弗利の王子」が臣従を拒否して国交は成立せず、唐との外交も一時途絶える。

◆『旧唐書』（倭国伝）貞観五年（六三一）に、「表仁、綏遠の才無く、王子と礼を争い、朝命を宣べずして還る」と記す。

そして、利歌彌多弗利は『善光寺文書』などから、命長七年（六四六）に崩御したと考えられている。[注19]

十四、【全国の直接統治と専守防衛の時代】

利歌彌多弗利崩御の翌年六四七年に、新天子（＊おそらく高表仁と礼を争った皇子）が即位し、「常色（六四七～六五二）」と改元する。六四七年に新冠位（七色十三階の冠）・律令（礼法など）を制定、六四九年全国に「評制」を敷き（＊『常陸国風土記』などによる）、難波宮の造営に着手、九州年号白雉元年（六五二）（＊『書紀』白雉元年は六五〇年庚戌だが、「元壬子年木簡」の発見で六五二年壬子が正しいと判明している。）に完成させ、難波を拠点に全国の直接統治を進める。これらは俗に「大化の改新」と呼ばれるが、実際は倭国（九州王朝）による「常色年間の改革」といえる。

この天子は『書紀』で「伊勢王《いせのおおきみ》」とされ、その事績が年代をずらし「孝徳・斉明・天智・天武・持統」の事績に盗用されたと考えられる。

（解説）「九州王朝の天子伊勢王」

「伊勢王」は斉明七年・白鳳元年（六六一）と、天智七年（六六八）の二度薨去記事があるのに、以後天武十二年（六八三）～持統二年（六八八）まで「六度」にわたり、諸国境界を定めるなど重要な事績が記される。各国の境界を定めることが出来るのは、「諸国の王以上の権威者」であることを意味し、「諸王五位」とされるが、逝去に際し皇族や三等以上の位階、または「他国の王」の逝去に限られる「薨去」が用いられ、逝去の六六一年に九州年号が「白鳳」に改元されているところから、「伊勢王」は常色元年（六四七）に即位した九州王朝の天子の呼称だと考えられる。

常色元年（六四七）の「礼法制定」（＊礼法は律令の令にあたる）、服飾や冠色で位階を示す「七色十三階の冠創設」と同趣旨の「律令制定・法式改定、禁式九二条制定」[注20]記事が「三十四年後」の天武十年（六八一）にも記され、天武紀に記す「諸国境界確定」の三十四年前に、境界の分限を伴う「評制」が全国に施行されていることなどから、六度の記事も「三十四年繰り下げ」られたものと考えられる。

なお、こうした伊勢王の事績が、『書紀』で三十四年繰り下げられ、天武や持統の事績とされている。このことの詳細は、拙稿「九州王朝と大化の改新─盗まれた伊勢王の即位と常色の改革─」（『古田史学論集第二十五集』「古代史の争点」明石書店二〇二二年、一〇九頁～一二八頁）に記す。

十五、【近江遷都と防衛施設整備】

こうした全国統治の推進と同時に、唐・新羅との関係悪化を踏まえ、六五六年には本拠九州の佐賀有明海沿岸に吉野宮を造営し軍事力を強化、六五八年～六五九年に蝦夷・粛慎討伐を行うとともに、太宰府を囲む水城・大野城・環状土塁などを構築、太宰府防衛に努める。

また、唐の水軍のさらなる侵攻に備え、難波宮の東方に「近江宮」を造営、朝鮮海峡から瀬戸内にかけて、金田・屋嶋・高安城を整備する。こうした防衛施策は『書紀』では「白村江敗戦後」の天智の事績とされるが、木材や瓦の編年などから、唐・新羅の侵攻に備え「白村江前」に整備されたことが明らかとなっている。


（解説）「伊勢王の防衛施策」

『書紀』で「近江遷都」は天智六年（六六七）とあるが、『海東諸国紀』には、「（斉明）七年（六六一）辛酉、白鳳と改元し、都を近江州に遷す」とある。

また、『書紀』で大野城は天智四年（六六五）造営と記されるが、大野城の太宰府口城門跡の木柱の最外郭年輪の年代は六四八年。掘立柱建物跡出土の素弁蓮華紋軒丸瓦は七世紀初頭から遅くとも六五〇年前後。六六四年造営とされる水城のC十四法による年代は、基底部の木樋で五四五年ごろ、最上層の敷粗朶で六六〇年ごろとされる。従って、『書紀』は「九州王朝・伊勢王の防衛施設整備」を天智紀に繰り下げ、天智の事績とした可能性が高い。

伊勢王は、多利思北孤以来の「征戦無し（海外派兵はしない）」施策を継承して「専守防衛」に徹し、こうした防衛体制の整備に努めた。この姿勢は、百済に攻められた新羅金春秋が、六四七年に支援を求め来朝するも応ぜず、六六〇年に唐・新羅により百済が滅亡した時にも救援軍は派遣しなかったことに現れている。

十六、【白村江敗戦と倭国（九州王朝）の衰退】

倭国（九州王朝）の全盛期は六六一年の伊勢王の崩御で終わる。白鳳元年（六六一）六月に伊勢王が崩御すると、後継の倭王は専守防衛から「外征」に転換し、百済遺臣を支援、豊璋《ほうしょう》を王として送り込み、半島に出兵する。白鳳元年の冬の戦いでは、寒さで唐軍が撤退し勝利を収める。

（解説）「白鳳元年の戦い」

白鳳元年冬に九州王朝が半島に出兵し、勝利していたことは、次の一連の記事から分かる。

ただしこの勝利は、六六一年十二月条に「高麗国にして、寒きこと極まりて浿（＊大同江・鴨緑江）凍れり。……高麗の士卒、胆勇《たけく》み雄壮し。故に更に唐の二つの壘《そこ》を取る」とあるように、高句麗兵の活躍と厳冬によるものと記されている。

◆『書紀』（天智即位前紀）斉明七年（六六一）是歳（略）日本の高麗を救ふ軍将等、百済の加巴利《かはり》浜に泊りて、火を燃く。

◆『書紀』天智元年（六六二）三月是月。唐人・新羅人、高麗を伐ちき。高麗、救を国家に乞へり。仍ち軍将を遣して、疏留城《そるさし》に拠らしむ。是に由りて、唐人其の南界を略《かす》むること得ず、新羅其の西壘を輸《おと》すこと獲ず。

◆『新唐書』（蘇定方）遂に平壌を囲むも、大雪に会い、囲みを解きて還る。

この勝利に勢いを得て、百済滅亡後の遺臣の戦いを支援するため、六六三年には半島に数万の兵を送り、唐・新羅と戦う。これが「白村江の戦い」で、結果は大敗し、『旧唐書』で「酋長（倭王）」とされる「筑紫君薩夜麻《さちやま》」は捕囚となる。従って伊勢王の次代の王は薩夜麻だった可能性が高い。

（解説）「白村江の敗戦」

白村江の敗戦は次の様に記録されている。

◆『三国史記』龍朔三年（六六三）倭国の船兵、来りて百済を助く。倭船千艘、停まりて白沙に在る。……是に、仁師・仁願及び羅王金法敏、陸軍を帥《ひき》いて進む。……倭人と白村江に遇う。四戦皆克《か》ち、其の舟四百艘を焚く。煙炎天を灼き、海水丹を為す。……王子扶余忠勝・忠志等、其の衆を帥い、倭人と与に並び降る。

また「倭国酋長」が捕囚となったと記されるが、『旧唐書』と、『書紀』の「大伴の博麻の帰還時」の記事で、当時中国で捕虜となった「酋長」に相応しい人物は、「筑紫君薩夜麻」だけであることが分かる。(注21)

◆『旧唐書』麟徳二年（六六五）、泰山に封ず。仁軌、新羅及百済・耽羅・倭四国の酋長を領《ひき》い赴會す。高宗甚だ悦び、大司憲を擢拝《てきはい》す。

◆『書紀』持統四年（六九〇）十月乙丑（二十二日）。軍丁筑紫国上陽咩《かみつやめ》の郡人大伴部博麻《はかま》に詔して曰はく、「天豊財重日足姫天皇（＊斉明）七年（六六一）に、百済を救う役《えだち》に、汝唐の軍の為に虜にせられたり。天命開別天皇（＊天智）三年（六六四）に洎《およ》びて、土師連富杼《ほど》・氷連老《ひのむらじおゆ》・筑紫君薩夜麻・弓削連元宝児四人……博麻が計に依りて、天朝に通じることを得たり。」

十七、【近江朝の成立と壬申の乱】

一方、半島には直接出兵しなかったヤマトの王家（大和朝廷の前身）の天智は、我が国ナンバー2の実力者として、薩夜麻不在の間、「称制即位」して近江で代わって政務を執る。
「称制」は天子が何らかの事情で政務が執れない場合に、代わって天子の名で統治を行うこと。斉明は逝去しているのだから即位できるはず。「天智称制」とは「捕囚となっていた薩夜麻」に代わり政務を執ったことを意味すると考えられる。

薩夜麻は、唐の「羈縻《きび》政策（＊臣従した王を「中国の官吏」である都督として前のまま国を治めさせること）」により、六六七年十一月に「筑紫都督」として帰還する。

しかし天智は六六八年（天智即位元年）に九州の王統の倭姫王《わのひめのおおきみ》を娶り、事実上倭王として政務を続ける。

（解説）「天智即位と倭姫王」

天智は六六八年一月に即位し、翌月に古人大兄の娘「倭姫王」を「皇后」とする。しかし、古人大兄は、『書紀』大化元年（六四五）に謀反の罪で妻子共々殺され、妃妾は自経《わな》きて死んだとされている。しかも大海人（後の天武）は、天智の末年、後継者選定において倭姫王の即位を薦めたと記す。

◆『書紀』天智十年（六七一）十月庚辰（十七日）（大海人）請ふ、洪業《ひつぎ》を奉《あ》げて大后に付属《さず》けまつらむ。『書紀』（天武即位前紀）陛下、天下を挙げて皇后に附《よ》せたまへ。

古人大兄は冤罪だったとされるが、妻子妾共々殺した者の娘を皇后にし、さらに「皇位」即ち天皇に推戴されるのは不可解で、『書紀』に記す倭姫王の出自は極めておかしいと言わざるを得ない。

そして薩摩『開聞古事縁起』には、「大宮姫」が太宰府を経て、近江に行き天智の后となったが、天智の後継に大友皇子が指名されたことから、九州に逃れたとする。「倭姫王」は「やまとひめおおきみ」と読まれているが、「倭」

はヤマトとは読めず、『旧唐書』で「倭国」とは九州王朝を指す。従って「倭姫王」は「倭国＝九州王朝の姫」の可能性が高い。天智は九州王朝の姫を娶ることで、唐の官僚である「都督」となった薩夜麻にかわり、暫定的に倭国を統治できたのだと考えられる。

天智は、即位後に近江令を策定し、年号を「白鳳中元」に改元、六七〇年には国号を「日本」に改名、庚午年籍を造籍するなど事実上「倭国王」として統治し、六七一年十二月に崩御するが、前述のとおり、大海人は倭姫王を後継天皇に推挙する。(注22) これは九州王朝の王統に戻すことを意味する。

しかし、倭姫王とは別の后（伊賀采女宅子）の子で、九州の王統と異なる大友が天智の後継として立つ。倭姫王を擁立した大海人は、九州「佐賀の吉野」に逃れ、(注23) 筑紫都督薩夜麻ら九州王朝側と、筑紫に駐留する唐・郭務悰らの支援を受け、六七一年に九州から「東国」に向かい、宗像君の血統の高市皇子とともに近江朝を倒す。これが、いわゆる「壬申の乱」だ。

（解説）「壬申の乱」の実相

「壬申の乱」は大海人が主導・指揮したと記すが、戦闘で美濃軍三千及び東海・東山の軍を指揮し「軍令」を出したのは高市皇子で、戦後の賞罰を行ったのも高市皇子だ。つまり「壬申の乱」の実際の最高司令官は高市皇子だった。そして高市皇子は宗像君徳善の娘尼子姫を母に持つ「九州王朝系」の人物だ。

つまり、「壬申の乱」の実際は、天智に引き続き、我が国の支配権を握ろうとした大友と近江朝を、唐の支援を受けた「九州王朝・都督薩夜麻」が大海人の協力により倒し倭国の全権を回復した戦いだったと言えよう。

大海人の実際の役割は「サブ＝協力者」だったが、『書紀』は高市皇子の事績に「命・遣」を付し（＊「命高市皇子宣近江群臣犯狀」「命高市皇子號令軍衆」など）、全て「大海人が最高司令官」で全てを命じたものと記したことになる。

「九州にいた唐の使節」

なお、当時唐の郭務悰が筑紫にいたことが『書紀』に記される。

◆天武元年（六七二）三月十八日。内小七位阿曇連《あづみのむらじ》稲敷《いなしき》を筑紫に遣し、天皇の喪を郭務悰等に告ぐ。

◆また、『釈日本紀』壬申の乱で天武に付き添った舎人の調連《つきのむらじ》淡海《おうみ》の日記に、天武が唐人から戦術を教わった（＊天皇、唐人等に問ひて曰はく、「汝の国は数《あまた》戦ふ国也。必ず戦術を知らむ、今如何」）とある。

十八、【壬申の乱以降の九州王朝】

1、権力の中心は依然筑紫に

「壬申の乱」は九州王朝と唐、協力者天武による近江朝打倒であるから、乱以降の倭国政治の中心は、依然として都督薩夜麻と郭務悰のいる筑紫にあった。これは「乱後の外交活動がほぼすべて筑紫で行われている」ことから分かる。(注24)ただ、大友を討伐し、ヤマトの天皇家の長となった大海人は、九州王朝の臣下ナンバー1の豪族として、近江朝の建てた「日本」号を継ぎ、参戦した東国の勢力や、近江の官僚・豪族に影響力を強めていく。

2、唐の下での「都督薩夜麻」の統治

一方、九州王朝では、筑紫君薩夜麻が「羈縻《きび》政策」に従い、「唐の都督（筑紫都督）」の立場で「倭王」として在位していたが、唐の官吏である都督は、唐の承認なしで制度改正や軍事行動は出来ないうえ、筑紫は、白村江の打撃から回復が遅れ、そこに駐留軍への負担も加わり、疲弊していく。

そして、天武七年（六七八）には「筑紫大地震」がおき、筑後から博多湾にかけての九州王朝中枢部が壊滅的打撃を受ける。

◆『書紀』天武七年（六七八）十二月。筑紫国、大きに地動る。地裂くること広さ二丈、長さ三千余丈。百姓の舍屋、村毎に多く仆れ壊《やぶ》れたり。

この地震の余震記事が天武八年十月～十一年三月まで記される。また、天武九年六月には、「灰零れり。雷電すること甚し」と火山活動に伴う記事も見受けられ、九州王朝は甚大な被害を被ったと推測される。

3、唐の駐留軍の撤退と九州王朝の無力化

そして、半島では六七〇年代に新羅が唐からの自立を模索、百済に侵攻。唐は六七四年に新羅征討軍を起こすが、失敗し、六七八年に新羅征討を断念、朝鮮半島中部以南を支配する。補給が絶たれた唐の駐留軍はこれを契機に我が国から撤退したと考えられ、唐の都督としての制約上、独自の軍事力（九州王朝軍）を持てなかった薩夜麻は、後ろ盾と軍事力を失うことになる。

十九、【倭国（九州王朝）から日本国（大和朝廷）へ】

1、相次ぐ天災と政治不安

九州王朝は、筑紫大地震後難波宮に拠り統治を続けるが、天武十三年（六八四）に「白鳳大地震」がおき、近畿・四国・東海は大被害を受け、九州王朝は再び打撃を被る。この地震により六八四年に「朱雀（六八四～六八五）」に改元するが、(注25)『二中歴』朱雀年間の細注に「兵乱海賊始起又安居始行（安居は僧侶の集団での修行）」とあるように、世情は騒然とする。

そうした中、朱鳥元年（六八六）一月には九州王朝の拠点難波宮が焼失する。

◆朱鳥元年（六八六）正月十四日の酉の時に、難波の大蔵省に失火して、宮室悉に焚けぬ。

2、薩夜麻と天武の崩御

そして、『書紀』記事から、同年（六八六）白鳳期の天子（＊薩夜麻）が崩御し、七月に「朱鳥」改元したと考えられる。まず、九州年号「朱鳥改元」は七月戊午（二十日）で天武の崩御は九月九日だから、朱鳥改元は天武崩御でも、ヤマトの王家の改元でもなく、「九州王朝の改元」であることが分かる。

さらに、天皇の病気罹患記事が「三度」も記され、加えて、『書紀』朱鳥元年に、「是歳、蛇と犬と相交《つる》めり。俄《しばらく》ありて倶《とも》に死ぬ。」との不可解な記事がある。これは、九州王朝の天子（薩夜麻）と、九州王朝の臣下として統治してきた天武が、この年に共に崩御したことを示していると考えられよう。（注26）

3、難波宮焼失・藤原宮遷居とヤマトの王家への「禅譲」

そして、難波宮焼失後、「藤原宮」整備の主体を担ったヤマトの王家（持統）が圧倒的な力を有するようになる。九州王朝は六九五年の藤原宮遷居を機に「大化」と改元するが、持統十年・九州年号大化二年（六九六）七月に九州王朝の系列の高市皇子が薨去する。これをうけ天皇家・持統は、持統十一年（六九七）初頭に「軽皇子」を急遽立太子させ、八月に天皇即位（文武）させる。同時に、天皇家への「禅譲」を承諾させ、以後、『書紀』大化期「東国国司詔」に記すような賞罰による「官僚統制」、武器の没収、制度改革を行い、律令体制移行をはかっていく。（注27）

二十、【倭国（九州王朝）の抵抗と王朝交代】

1、九州王朝内の政権移譲反対勢力の抵抗

大和朝廷（日本国）は、九州へ覓国使《くにまぎ》を派遣し、律令体制への組み込みを図るが、政権移譲に反対する九州王朝内の勢力は、武力で抵抗する。

（解説）「九州王朝内の大和朝廷への抵抗」

まず、七〇〇年には肥後・薩摩の勢力が薩末比売《さつまのひめ》（注28）を立てて、武力で抵抗する。ヤマトの王家は、これを九州王朝内で収拾させる。

◆文武四年（七〇〇）六月三日に、薩末比売、久売、波豆。衣評《えのひょう》督《とく》衣君県、助督衣君弖自美《てじみ》、肝衝《きもつき》難波。肥人等に従ひ（を従え）、兵を持して覓国使《くにまぎ》刑部真木等を剽劫《おびやか》す。是に於て竺志惣領に勅して犯を決罰す。

七〇一年には「大宝建元・律令制定」を行い、日本国成立式典を挙行「形式上も実質上も」王朝交代を果たし、唐の承認を求め遣唐使を派遣する。

◆『続日本紀』大宝元年（七〇一）正月朔。天皇、大極殿に御して朝を受く。其の儀、正門に烏形の幢《どう》、左に日像・青竜・朱雀の幡、右に月像・玄武・白虎の幡をたつ。蕃夷の使者、左右に陳列す。文物の儀、是に備れり。（二十三日）粟田朝臣真人を遣唐執節使とす。

◆『新唐書』長安元年（七〇一）其の（日本国）王文武立ちて、大宝と改元し、朝臣真人粟田を遣して方物を貢ぐ。

2、大和朝廷への王朝交代

そして、大宝二年（七〇二）八月の薩摩・多褹《たね》の抵抗を「化を隔て、命に逆ふ隼人」として武力鎮圧し、「律令を諸国に頒布」する。（＊「化」は王化、「命」は「王命」で、七〇〇年の反乱記事には無い。）

◆『続日本紀』大宝二年（七〇二）八月一日、薩摩・多褹、化を隔て、命に逆ふ。ここに、兵を発し征討し、遂に戸を校《しら》べ、吏を置く。

「化・命」は、七〇一年の律令制定と王朝交代の式典により、ヤマトの天皇（文武）が、初めて「王」としての権限を握ったことを示している。

3、唐による「日本国（大和朝廷）」の承認

七〇三年には「日本国（大和朝廷）」の使者粟田真人が、武則天より冠位を与えられ、対外的にも大和朝廷が、倭国（九州王朝）に代わって我が国の代表者となる。

◆『旧唐書』（日本国伝）長安三年（七〇三）、其の（＊日本国）大臣朝臣真人（＊粟田真人）来りて方物を貢ぐ。則天（＊則天武后）は麟徳殿に宴へたまひ、司膳卿の官を授けて、本国に還す。

二十一、【倭国（九州王朝）の滅亡】

1、隼人討伐と九州年号の消滅

王朝交代を果たした大和朝廷は七一二年～七一三年に南九州を平定、大隅国設置。『古事記』を編纂する。

◆『続日本紀』和銅六年（七一三）四月日向国の肝坏《きもつき》、贈於《そを》、大隅、始羅《あひら》の四郡を割きて、始めて大隅国を置く。七月。今、隼の賊を討つ将軍等、戦陣に功有る者千二百八十余人に、勲を授く。

そして、古賀達也氏によれば、この年に七〇一年以降も残存したと考えられる九州年号「大長（七〇四～七一二）」が途絶えるという。そうであれば、これは「年号を保持する権力」が消滅したことを意味する。（注29）

2、九州王朝の滅亡と『書紀』編纂

さらに、七二〇年にも南九州の「隼人（＊薩摩を拠点とする九州王朝の残存勢力）」を一掃し、九州王朝を滅亡させる。

◆同養老四年（七二〇）隼人反く。大伴旅人を遣し、其の罪を誅罰し、彼の巣居を尽す。兇徒を剪《き》り掃《はら》ひ、酋帥面縛せられて命を下吏に請ふ。（七二一）征隼人副将軍ら還帰《かえ》る。斬りし首・獲し虜合せて千四百余人。

そして、倭国（九州王朝）の保持していた史書を「禁書」として没収し、記事（事績）を剽窃して、七二〇年に「我が国の初元からヤマトの天皇家が統治してきた」と述べる『日本書紀』を編纂し、編纂直後の、養老五年（七二一）から「日本紀講筵《にほんぎこうえん》（講読）」を広く行い、『書紀』以外の歴史を抹消した。

二十二、【倭国（九州王朝）残影】

こうした大和朝廷の「歴史創造」にもかかわらず、

①『後漢書』『三国志』『宋書』『隋書』『旧唐書』など、海外史書に見える倭国の王の名は、『記紀』には一切記されない。

②一方、『記紀』に記す天皇名はこれら海外史書には見えない。
③『旧唐書』には、倭国と日本国は別国であり、倭国は志賀島の金印を下賜されて以来、隋代の多利思北孤まで続く九州を本拠とする大国であり、日本国は「元小国だったが倭国を併合した国だ」と記し、これは倭国（九州王朝）と日本国（大和朝廷）にあたる。
④『書紀』では七世紀の我が国の地方制度は「郡」とあるが、木簡から「評」であり、七〇〇年の倭国併合を機に大和朝廷の制度「郡」に変わったことが明らかになっている。
⑤磐井時代に建元された「九州年号」は、七〇〇年まで途切れることなく続き、多数の文献に見え、聖武天皇や法令にも用いられるが、『書紀』には見えない。
⑥『書紀』人物と事績に大きな矛盾が散見されること。その一例として、俾弥呼に擬えられた神功皇后紀は百二十年後の事実が記載され、厩戸皇子・聖徳太子の記述と、日出る処の天子「阿毎多利思北孤」や『釈迦三尊像光背銘』の「上宮法皇」に大きな矛盾がある。
⑦『書紀』では「年次の繰り下げ」により、天智・天武や持統などの事績とされた記事があること。特に近年の「年代測定法」の進化でこのことが一層明らかになってきたこと。（例・『書紀』の水城や大野城の築造年代の齟齬）
⑧考古学上の新たな発見が倭国（九州王朝）の存在を明らかにしている。（例・『魏志倭人伝』に記す遺物が博多湾岸に集中して発見されている、鉛同位体分析で、魏の年号を持つ三角縁神獣鏡が国産であることが確かめられた、倭王武時代の百済の古墳が北部九州様式で、北部九州勢力の半島進出を示すとされる）
などから、海外史書や考古資料を重視し、『書紀』の資料批判を徹底することで、『書紀』が隠蔽した倭国（九州王朝）の歴史を復元することが出来ると考える。

【注】

（注1）「倭」の読みは、唐代は「わ」、隋・唐以前の上古音は「ゐ」、「奴」は「ど」または「ぬ」。ここでは金印下賜時代なので「倭《ゐ》

奴国《ぬこく》」と読んでおく。

（注2）、『運歩色葉集』ほかの資料では、九州年号大化は七〇三年まで続き、大長年号（七〇四年〜七一二年）に接続し、大長を以て九州年号は消滅する。

なお、六四五年を元年とする『書紀』大化は、六九五年を元年とする九州年号大化を剽窃したと考えられる。この剽窃については拙稿「『書紀』三年号の盗用理由について」（『古田史学論集第二十集』「失われた倭国年号《大和朝廷以前》」明石書店二〇一七年）に記す。

（注3）江戸時代の『黒田家文書』に「日向山に、新村押立とあれば、椚村は、此時立しなるべし。民家の後に、あるを、くしふる山と云」とある。なお、現地では「日向」を「ひなた」と発音する。

（注4）この盗用については、古田氏の『失われた九州王朝』のほか、拙稿「神功皇后・俾弥呼と四人の筑紫の女王たち」（『古田史学論集第二十三集』「『古事記』『日本書紀』千三百年の孤独」明石書店二〇二〇年）に記す。

（注5）「神武東征譚の盗用」や「出発地の変更」については、古賀達也「盗まれた降臨神話―『古事記』神武東征説話の新・史料批判」（古田史学会報四十八号二〇〇二年二月）、「続・盗まれた降臨神話―『日本書紀』神武東征説話の新・史料批判」（『古田史学論集第六集』明石書店二〇〇三年）に詳しい。また拙稿「『天孫降臨』と『神武東征』の史実と虚構」（『古田史学論集第二十二集』「倭国古伝」明石書店二〇一九年）に記す。

（注6）古田武彦『邪馬一国への道標―まぼろしの倭国大乱』（講談社一九七八年、ミネルヴァ書房二〇一六年復刊）より。なお名前の末に「こ」が付くのは古代では「彦・男・小野妹子」のように「男性」を示すから、「俾弥呼」の「呼」は「か」と読むべき。

（注7）谷本茂「中国最古の天文算術書『周髀算経』之事」（「数理科学」一九七八年三月ほか。）

（注8）古田武彦『「邪馬台国」はなかった』『邪馬一国の証明』（角川文庫一九八〇年、ミネルヴァ書房二〇一九年復刊）ほかによる。

（注9）「古墳時代における都市化の実証的比較研究―大阪上町台地・博多湾岸・奈良盆地（纏向・南郷等）総括シンポジウム」（二〇一八年十二月二十二・二十三日。於大阪歴史博物館）の資料集（大阪文化財研究所編）より。

（注10）「東鯷人」については、古田武彦「金印の「倭人」と銅鐸の東鯷人」（『邪馬壹国の論理』朝日新聞社一九七五年、ミネルヴァ書房二〇一〇年）による。

（注11）古田武彦「神話実験と倭人伝の全貌」（大阪市天満研修センター講演、二〇〇二年七月）ほかによる。

（注12）麛坂王・忍熊王討伐譚については、拙稿「俾弥呼・壹與から倭の五王へ」（『古田史学論集第二十五集』「古代史の争点」明石書店二〇二二年）に記す。

（注13）朴天秀（慶北大学教授）「韓半島南部に倭人が造った前方後円墳―古代九州との国際交流―」（九州国際大学国際関係学論集 五、二〇一〇年）

(注14)『隋書』には「俀国」とあるが、「倭」の上古音は「ゐ＝委」。『法華義疏』の署名に「此是 大委国上宮王集非海彼本」とあり、多利思北孤は「大隋」と対等外交を目指し「大委《たいゐ》」と自署したが、隋の高祖文帝はこれを嫌い、音の似た「俀」を用いたと考えられる。

(注15)捕鳥部萬討伐については、冨川ケイ子「河内戦争―心の自由を求める戦士と名前のないミカドが歴史を変えた」(『古田史学論集第十八集』「盗まれた「聖徳太子」伝承」明石書店二〇一八年)に詳しい。

(注16)古賀達也「『太宰府』建都年代に関する考察―九州年号『倭京』『倭京縄』の史料批判」(古田史学会報六十五号二〇〇四年十二月)。

◆『聖徳太子伝暦』推古二十五年(六一七)此地帝都。近気於今。在一百餘歳。一百年竟。遷京北方。在三百年之後。

(注17)『書紀』の記事で、多利思北孤の即位前から天然痘が大流行し、ヤマトまで広がっていたことが分かる。

◆敏達十四年(五八五)三月。敏達と守屋と卒《にわか》に瘡《かさ》患みたまふ。又瘡発でて死《みまか》る者、国に充《み》盈てり。其の瘡を患む者言はく、『身、焼かれ、打たれ、摧《くだ》かれるが如し』といひて、啼泣《いさ》ちつつ死る。(＊これは「天然痘の症状」)

そして、八月己亥(十五日)に敏達が崩御。敏達に続き用明も五八七年四月二日に天然痘に罹患、「三宝に帰依」し回復を願うが、九日に崩御する。

(注18)利歌彌多弗利については、拙稿「二人の聖徳太子『多利思北孤と利歌彌多弗利』」(『古田史学論集第二十五集』「古代史の争点」前出)に記す。

(注19)古賀達也「法隆寺の中の九州年号―聖徳太子と善光寺如来の手紙の謎」(古田史学会報十五号一九九六年八月)。

◆『善光寺文書』に「仰願本師彌陀尊 助我濟度常護念 命長七年(六四六)丙子二月十三日 斑鳩厩戸勝鬘」とあり、これは利歌彌多弗利の往生を願う文で、翌六四七年に九州年号が常色に改元されていることから、この年に利歌彌多弗利が崩御したと考えられる。

(注20)九州年号「常色元年」(六四七)の「七色十三階の冠位」制定や「律令(礼法など)制定」は、三十四年後の天武十年(六八一)の「服飾や色」で位階を定める「禁式九十二条」制定や、「律令制定・法式改定」記事として繰り下げられていると考えられる。

◆天武十年(六八一)四月三日「禁式九十二条を立つ」。諸の服用ゐる所の、金銀珠玉、紫・錦・繍《ぬひもの》・綾《あや》、及び氈褥《おりかものとこしき》・冠帯、并て種々雑色の類服用ゐること各差有れ

詳しくは、拙稿「九州王朝と大化の改新―盗まれた伊勢王の即位と常色の改革」「九州王朝の全盛期―伊勢王の評制施行と難波宮造営」(『古田史学論集第二十五集』「古代史の争点」前出)に記す。

(注21)古田氏は『古田武彦と百問百答』(ミネルヴァ書房二〇一五年)で次のように述べている。

「天智十年十一月には、注目すべき人物が返されています。『筑紫君薩夜麻』です。これは、九州王朝の天子であり、白鳳元年(白村江戦の直前)六六一年に、天子だった人物です。(記紀関係・問三十三)」なお、古田氏は晩年に薩夜麻は摂政だったのではないか

としている。

（注22）◆『三国史記』新羅本紀文武王十年（六七〇）倭国更えて日本と号す。「白鳳中元」については、拙稿「近江朝年号の研究」（『古田史学論集第二十集』「失われた倭国年号《大和朝廷以前》」明石書店二〇一七年）に記す。

（注23）柿本朝臣人麻呂の「舟遊びができ、滝の宮処」があるとする吉野の万葉歌は、奈良吉野でなく、佐賀吉野の景観に整合。奈良吉野の宮滝遺跡は聖武時代で、天智期末ごろに舎人や臣下を連れて居住する施設は見当たらない。

◆万葉三十六番歌（吉野宮に幸しし時柿本朝臣人麻呂の作る歌）

山川の 清き河内と 御心を 吉野の国の 花散らふ 秋津の野辺に 宮柱 太敷きませば ももしきの 大宮人は 舟並めて 朝川渡る 舟競ひ 夕川渡る この川の 絶ゆることなく この山の いや高知らす 水激る 瀧の宮処は 見れど飽かぬかも。

（注24）天武二年（六七三）条に、「新羅送使貴干宝を筑紫に送る・筑紫に饗へたまふ・即ち筑紫より国に返る。」「高麗使人を筑紫に送る。京に喚す。因りて大宰（＊筑紫太宰）に命せて、耽羅使人に詔す。筑紫より返す。」「高麗の邯子・新羅の薩儒等に筑紫の大郡に饗へたまふ。」などとある。飛鳥浄御原宮で即位したのだから、浄御原宮での外交・饗応があって当然なのに、その記事は無く全て筑紫か難波宮。これは壬申の乱以後の政治の中心が筑紫であることを示す。

（注25）白村江敗戦で薩夜麻が「唐の都督」となって以降、独自年号の制定（白鳳年号の改元）は認められなかったが、唐が撤退したことで二十四年ぶりに「白鳳」から「朱雀」に改元できたと考えられる。

（注26）①五月二十四日、天皇始めて體不安《あつしれ》たまふ。二十九日、金智祥等を筑紫に饗へ祿賜ひ、筑紫より退る。

②六月十六日、伊勢王及び官人等を飛鳥寺に遣し、衆の僧に勅して曰く、「近ごろ朕身不和《やくさ》む、願ふ、三寶の威に頼り、身體安和《やすらか》なること得む。」

③八月九日、天皇、體不豫《みやまひ》したまふ為に、神祇に祈る。

①は「筑紫」の記事、②は九州王朝の天子を意味する「伊勢王」の名が記される。③の記事には天武の皇子たちの名の入った記事がある。従って①②が九州王朝の天子の病罹患で、③が天武の罹患記事と考えられる。

（注27）この経緯は、『書紀』大化二年（六四六）の「皇太子奏請条」に遷されたと考えられ、このことは拙稿「移された『大化の改新』」（『古田史学論集第十四集』明石書店二〇一一年）に記す。

（注28）「薩末比売」は『開聞故事縁起』で、天智の后となり壬申の乱で薩摩に帰ったとされる大宮姫で、『書紀』では天智崩御時に天皇に推戴され、以後消息の途絶えた倭姫王だと考えられる。

（注29）『運歩色葉集』に「大長四年丁未（七〇七）」、『伊予三島縁起』「大長九年壬子（七一二）」とあり、いずれも元年は七〇四年で一致する。

古代日中交流史研究と「多元史観」

―五世紀～七世紀の東アジア国際交流史の基本問題―

谷本　茂

一、はじめに

二〇二二年九月に「日中国交正常化」五十周年を迎えるにあたり、近現代史の分野で戦前・戦後の日中関係史を改めて見直し総括する議論が活発になっているが、古代史の分野においても、特に南朝劉宋時代～唐時代にかけての日中関係を新しい視点から見直そうとする研究が進められてきている。それらの成果の一例として、研究テーマのキーワードが要領よく纏められ相互参照可能な『古代日本対外交流史事典』(注1)が刊行された。幅広い層の読者を意識して丁寧な記述を企図したとのことで、確かに読み易く、研究者にも専門外の一般読者にも示唆的な内容が溢れている良書であると思う。また、『遣隋使がみた風景』(注2)、『隋唐外務官僚の研究』(注3)といった浩瀚な書籍に加えて、『倭の五王』(注4)、『古代日中関係史』(注5)、『倭国』(注6)などの新書判の啓蒙書が続けて刊行され概して好評のようである。

これらの新しい書籍は、新視点での少なくない古代日中交流史に関する貴重な示唆的内容を含むものの、史料批判の方法において、根本的に脆弱な点を有するのではないかと筆者は感じる。それは、大陸側の史料に「倭王／倭国王」と記載している人物を国内史料に記録されたヤマト王権内の「天皇（大王）」または「王」と直接的に比定して理解しようとする（史料解読上の）大前提をほとんど全ての研究者が、自覚的か、無自覚的かに関わらず、採用していることである。論理的には、〈倭王／倭国王＝ヤマト王権の天皇（大王）あるいは王〉という命題（以下、〈倭王＝天皇〉と略記する）は、それが正しいか間違っているかを検討すべき対象となるはずのものである。しかし、実際には「問答無用」とばかりに、異論を差し挟む余地の無い確定した前提命題とみなされ、各論者の見解一致のもとに議論が進められるのである。この〈倭王＝天皇〉という未証命題が、いかに素直で合理的な史料批判を阻《はば》み、古代日中交流史の理解をいびつなものにしているのかという状況を、後に幾つかの例で示す。

〈倭王＝天皇〉を大前提としないで大陸側史書と国内史書とを比較検討するという視点は、決して新しい提案というわけではなく、既に五十年前に「九州王朝」説という形で導入され、後に（日本古代史における）「多元史観」として確立された古田武彦氏の見解（注7）に基づくものである。本稿では、五世紀〜七世紀における日中交流史のなかの代表的な側面である、「倭の五王」と「推古朝の遣隋使」を中心に、通説の再検討を行ない、〈倭王＝天皇〉という命題が成立する可能性が非常に低い（事実上、妥当性が無い）ことを示す。

二、古田武彦氏の「九州王朝」説／「多元史観」とは何か

今から五十年前、一九七三年の夏に、古田武彦氏の『失われた九州王朝―天皇家以前の古代史』（前掲注7を参照）が刊行され、その主な主張内容である「九州王朝」説は、当時の一般読者だけでなく古代史研究者に対しても少なくない衝撃を及ぼしたのである。単なる日本古代の一断史についての新説ではなく、総合的な史料分析の結果、紀元前後から七世紀に至る（中国および朝鮮の史書に記載されている）「倭」あるいは「倭国」は、ヤマト王権（大和朝廷・近畿天皇家系統）の統治領域とは独立に存在した北部九州を主領域とするチクシ王権（九州王朝）を示すものであったとする画期的な仮説であった。

「九州王朝」説を丁寧に解説する紙数の余裕が無いので、詳細は前掲の注7で挙げた文献等を参考にしてもらうことにして、ここでは、全般的な史料批判の方法に限って、古田氏が着目した点について触れておく。中国の歴代

の史書（主に「正史」と呼ばれる政府公認の王朝史）は、漢〜隋および唐初期にわたって継続して存在していた東夷の「倭」を歴史上一貫した種族あるいは「国」として認識していたと考えられる。その認識に対して、（古田氏が、文献解読の結果、到達した）「倭奴国」「邪馬壹国」「倭国」などが北部九州を主領域とする場所に位置していた「国」であるという認識を組み合わせると、「倭」は一貫して、大和盆地（奈良県）を主領域とするヤマト王権の国家ではなく、ヤマト王権とは独立した存在であったことになる。従来の「王朝交代」論や「王朝並立」論がヤマト王権を巡るいわば内部権力争いのレベルの議論を呈していたのとは異なり、国内文献には陽に描かれていない（ヤマト王権とは別の体制、別の統治領域を有する）独立王朝／王権の存在を主張するものである。その王朝／王権を古田氏は「九州王朝／チクシ王権」と呼んだ。

『失われた九州王朝』の「はじめに」で、古田氏は、自説の立場を、近代科学の重要な転換点となった地動説へのパラダイム・シフトになぞらえて、次のように説明した。〝たとえば、近代科学の夜明けを見よう。そのとき、天動説を捨て去り、地動説の立場から立ち向わなければ、正確な宇宙認識は成立できなかった。これと同じだ。日本の後代史書［谷本注：『古事記』『日本書紀』などを指す］の目から中国史書を理解する、という立場をキッパリと捨て去り、逆に中国の同時代史書の目から日本の史書を分析しなければならない。古代の真実に到達するため、これは不可避の道だ。わたしにはそう見えたのである。〟このように、自己の史書分析の立場を明確に位置付け、更に、コペルニクスの『天体の回転について』は、天体の真実を探求して空しく挫折をくり返した多くの研究者がその背景にあったであろうとして、〝彼ら数多き挫折者たちの中からこそ、この画期的な本［谷本注：『天体の回転について』を指す］は生れたのである。今、わたしの古代史の探求は新しい学問の回転をなしとげることができたのか、それとも空しい挫折をくり返しているのか。それは、未来の人々だけの知るところであり、わたし自身のはかり知ることではない。〟とする。そして、いかなる「定説」にも甘んじて腰をおろすことなく、ただ論理の導くところにおもむき、「九州王朝」なる驚くべき地点にたどりついたのであるから、それを深い満足をもって読者に提示し、〝たとえ、多くの識者たちの嘲弄をうけようとも、憂えることはない。〟と結んでいる。まさに論理に従って断崖から飛び降りるような固い決意のもとに著述されたことが分かる。

その後の読書界および古代史学界からの「九州王朝」説に対する賛否両方の反応を批評するのは本稿の目的・趣旨とは異なるので割愛するが、前掲注7の諸文献には、古田氏自身の諸反応への批評・反論が載っていて、『失われた九州王朝』刊行後の十年間あるいは二十年間の古代史学界の雰囲気の一端を窺うことができる。なお、安本美典氏の『古代九州王朝はなかった―古田武彦説の虚構』[注8]という書籍は、「九州王朝説への反証」を幾つか示し、「九州王朝は蜃気楼《かいやぐら》にすぎない」と結論している。安本氏は、古田説の本質は、専門家にとっては、ほとんど子供だましの論理に基づく、古代についての、妄想にすぎず、古代史上の学説として見るべきものではなく、一つの心理現象、社会現象として、考察の対象とすべきものである、と大変厳しい評価・断定をしている。

安本氏が行なった古田説批判のメディア・キャンペーンの効果なのか、更には「東日流外三郡誌《つがるそとさんぐんし》問題」による古田武彦氏個人への非難が大きく影響したのか、非常に残念なことに、二十一世紀に入ると多くの古代史研究者から「九州王朝」説は無視されるようになり、今日に至っている。日中交流史に関する近年の論文や書籍の中で古田氏の過去の著述を（それへの賛否にかかわらず）参照文献として掲げるものはほとんど無い状況である。「九州王朝」説／「多元史観」が論破された結果の事態ではなくて、とにかく「九州王朝」説などは存在していなかったかのように、紹介せず、批評もせず、その問題提起すら真摯に受け止めようとしない雰囲気が現在の古代史学界に蔓延しているのである。

日中の交流史が新しい視点で若い研究者たちから見直しされるようになってきた今日において、「多元史観」を完全に無視したままで議論する古代日中交流史研究が「史料根拠の薄弱な共通認識／定説」を増幅し、古代東アジア世界の理解を偏ったものにしている、という懸念が筆者は拭い切れないのである。それらの懸念の二、三の具体的な事項について、次節以降、従来の定説的見解を再検討し、「多元史観」の視点に立つとき、より的確な史料理解が得られることを示したい。私見によれば、古田氏の「九州王朝」説は、初期段階において論証にいくらかの不十分な点があったものの、大枠の問題提起は決して安本氏の指摘のような致命的な非論理性を有するとは思えず、依然として東アジア世界の国際交流史に関する従来の史料批判の方法に対して深刻な反省を迫る有意義な仮説である。

三、「倭の五王」の系譜について

五世紀の日中交流史は、南斉《ナンセイ》の沈約《シンヤク》が本紀と列伝を四八八年に完成させた『宋書』（南朝劉宋《ナンチョウリュウソウ》に関する正史）の本紀および夷蛮伝・倭国の条に記載されている「倭の五王」を中心に展開されてきた。讃《サン》、珍《チン》、済《セイ》、興《コウ》、武《ブ》という五人の倭王が宋に朝貢し、宋側は彼らを倭国王として爵位を与えたとする。通説では、倭王武は国内史書（『古事記』・『日本書紀』）に記載されている雄略天皇である、とする。『宋書』には五王の系譜が記されており、珍は讃の弟、興は済の「世子」（通常は子と解釈する）、武は興の弟である（図1を参照）。『宋書』には珍と済との関係は明記されていない。ただし、唐の姚思廉《ヨウシレン》が六二九年に完成させた『梁書』（南《ナン》朝《チョウ》梁《リョウ》に関する正史）の諸夷・東夷伝・倭の条には、賛、弥、済、興、武の五王が記されていて、済は弥（『宋書』の珍にあたる）の子であることが明記されている。『梁書』の「五王」の王名や系譜が他の史料に基づく独自情報なのか、『宋書』の情報から姚思廉が推測した記述なのかは不明である。（現状では、より信頼性が高いと考えられる『宋書』の文面に依拠して考察を行なう研究者が多い。）

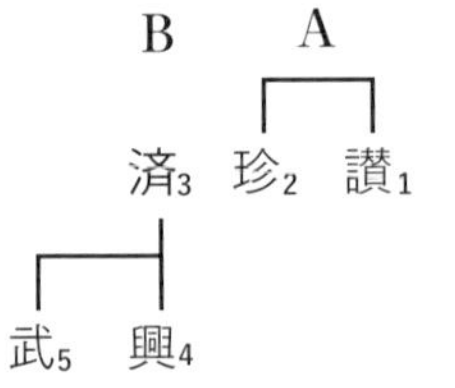

図1　倭の五王の系譜［宋書］

通説の議論のように、「倭の五王」がヤマト王権の「天皇」の誰かに比定されるべきであるという視点で考えてみると、『宋書』の「倭の五王」の系譜（図1）から考えられる系譜の可能性は、四つの場合がある。それぞれにヤマト王権の「天皇」の系譜（図2）との可能な比定を検討してみよう。

① 図1のAの系統とBの系統は直接的な繋がりが無いか、または遠い血縁関係、と想定する場合。［図3の①］
そのままでは、ヤマト王権の天皇系譜と王位継承順序で（五〜六世紀において）直接対応するものは無い。ただし、

藤間生大氏[注9]や原島礼二氏[注10]は、記紀伝承の間違い（あるいは改竄）説により、当時は二王統が存在したとみなして、『宋書』の記述のままで、讃＝履中、珍＝反正、済＝允恭、興＝安康、武＝雄略という比定でよいとする。つまり、反正と允恭が兄弟関係であるとする記紀伝承を無視する立場である。また、讃の治世期間が比較的長い（『宋書』によれば少なくとも十年）にも拘らず、記紀の記す履中の治世期間が短い（五年前後）ことも、記紀の記述の改変であると仮定している。中国史書の記述と国内史書の記述が整合しない場合に、国内史書の誤伝または改竄・改変として処理するのは、安易過ぎる解釈方法ではあるまいか。

『宋書』の讃と珍の兄弟関係が誤伝で実際は親子関係であったと仮定する場合［図3の①α］には、図2の天皇系譜から、讃＝仁賢、珍＝武烈、済＝継体、興＝安閑、武＝宣化、と比定され得るであろうが、この説を唱えた研究者はいないようである。『宋書』『梁書』ともに珍［弥］は讃［賛］の弟と明記されているので、讃と珍の兄弟関係誤伝説は採り難いであろう。

那珂通世《なかみちよ》（『外交繹史《ガイコウエキシ》』）は、讃と珍を父子関係、珍と済を兄弟関係と仮定して［図3の①β］、讃＝仁徳、珍＝反正、

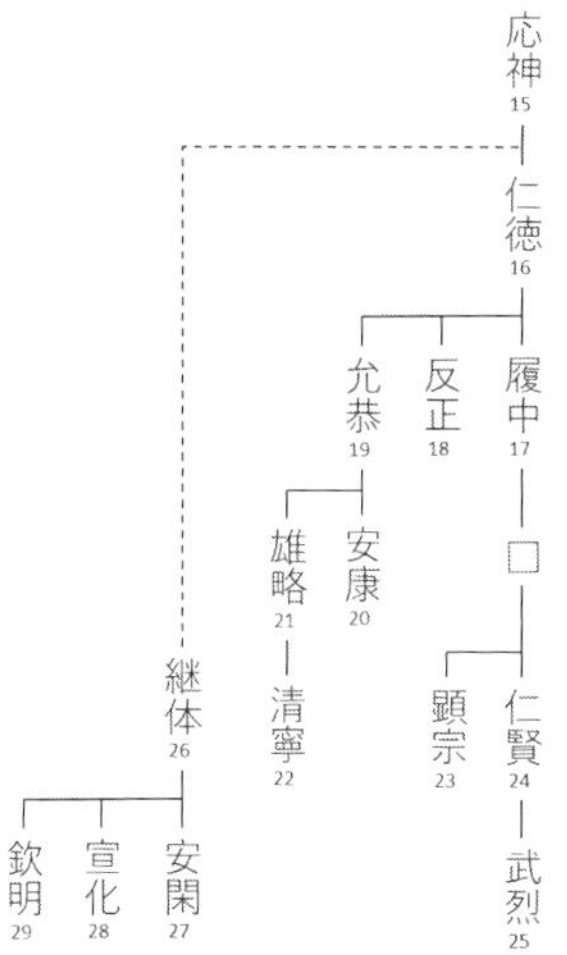

図2　ヤマト王権の天皇系譜［記紀］

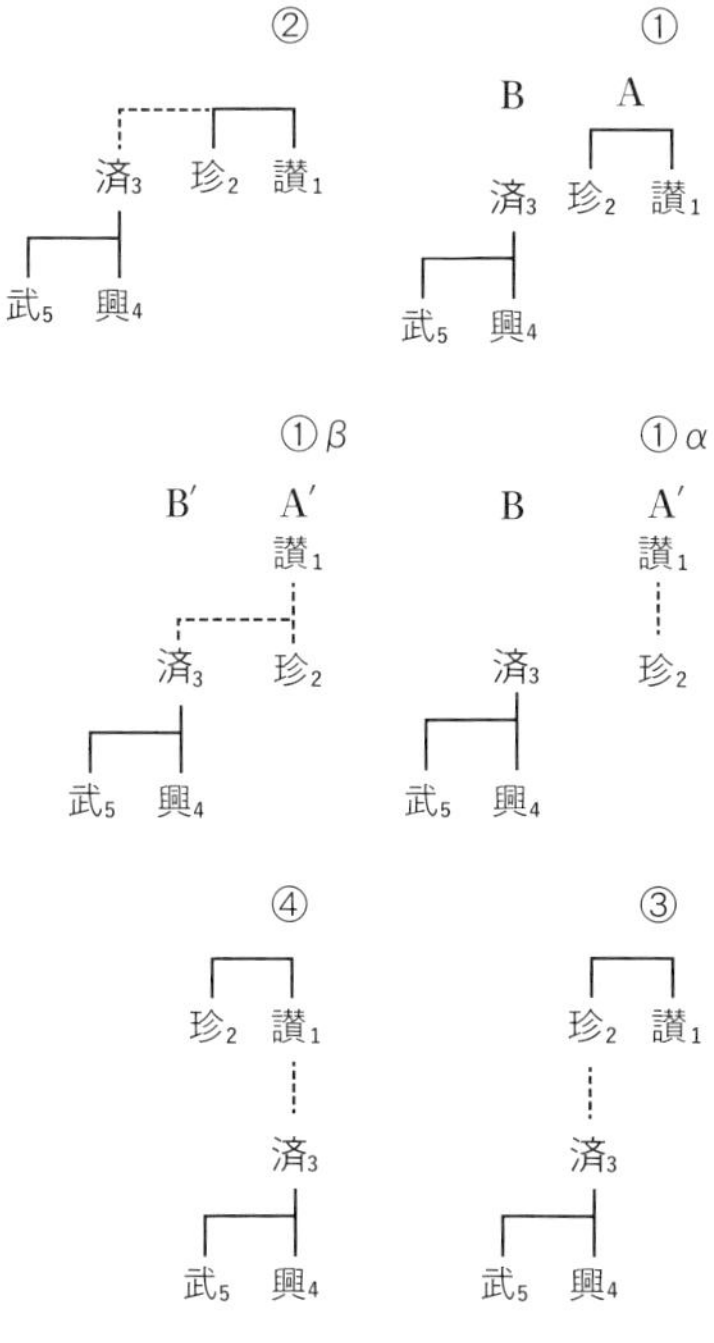

図3　倭の五王の可能な系譜

済＝允恭、興＝安康、武＝雄略、とみなした。履中天皇は、在位が短期間であるという理由で除外している。那珂通世のように「訂正」しても、即位順序は合わない。

② 済は珍の弟（つまり、讃、珍、済は兄弟関係）と想定する場合。〔図3の②〕

ヤマト王権の天皇系譜（図2）に直接対応関係が存在して、讃＝履中、珍＝反正、済＝允恭、興＝安康、武＝雄略、と比定される。皇位継承順序も合致する。通説の倭王武＝雄略天皇を採用するとすれば、論理的にこの系譜解釈しかないことになる。

③ 済を珍の子と想定する場合。〔図3の③〕

これは『梁書』の記す系譜と同じ。ヤマト王権の天皇系譜に直接対応するものはない。

④ 済を讃の子と想定する場合。〔図3の④〕

この場合も、ヤマト王権の系譜に直接対応可能なものはない。

以上の想定可能なケースから、通説のように、〈武＝雄略〉の比定に従うならば、図3の②の系譜以外は考えられず、倭王讃は履中天皇であることになる。『日本書紀』の紀年では、履中天皇の治世は四〇〇年～四〇五年の僅か五年余であり、『宋書』の記す倭王讃は、少なくとも四二一年～四三〇年の間（十年間）は在位していたと考えられるので、在位期間は整合しない。『古事記』細注の履中天皇の崩御年月日「壬申年正月三日崩」を仮に正しいとすれば、壬申年＝四三二年と推測できる。『古事記』細注には仁徳天皇の崩御年月日が「丁卯年八月十五日崩也」とあり、これも仮に正しいと仮定すれば、丁卯年＝四二七年となり、履中天皇の治世は、多目にみても四二七年～四三二年の五年弱ほどの期間であったこととなろう。『日本書紀』と『古事記』細注のいずれも、履中天皇の治世は、五年間前後の比較的短い期間であったという伝承を反映していると考えて大過ないのではなかろうか。国内伝承（記紀の記述）によれば、履中天皇の治世期間は、明らかに、倭王讃の十年（以上）の比較的長期の治世と整合しないと見做し得る。〈武＝雄略〉の比定から論理的に唯一導き出せる〈讃＝履中〉説は、国内史書の誤謬／改竄を仮定しない限り、成り立たないことは明らかである。

確実な比定として有力視されている〈武＝雄略〉説も、特段の史料的根拠があるとは思われない。通説では、稲荷山古墳出土鉄剣銘文の「獲加多支鹵大王」や江田船山古墳出土鉄刀銘文の「獲□□□鹵大王」をいずれも、「ワカタケル大王」と解釈して、『古事記』・『日本書紀』の雄略天皇の「オホハツセワカタケ（ル）」に対応する名であり、同一人物であるとする。また、「ワカタケル大王」は稲荷山古墳（埼玉県行田市）がある関東の領域から江田船山古墳（熊本県玉名郡）のある九州の領域まで広く統治していたものと解釈して、それは、『宋書』の倭王武の上表文の広域統治の表明と同一の現象とみなすのである。このようにして、〈武＝雄略〉説が学界で定説化した結果[注11]、現在「倭の五王」の研究者で、この「定説」に疑問を持つ人はごく少数だと思われる。

しかし、本当に「ワカタケル」と読めるのかどうかも確実でない刀剣銘文の大王名が雄略天皇の諡号の一部分に一致するから、同一人物と比定する強力な証拠の一つであると考えるのは、強引過ぎないであろうか。刀剣の出土状況からすれば、銘文の大王は当該地域の統治者と考える方が妥当であろう。少なくとも、ヤマト王権の「天皇（大王）」のことを記した銘文であると判断する確実で客観的な根拠は強引な諡号同定以外には示されていないのである。（本来、稲荷山古墳出土鉄剣銘文の通説の解読・解釈に対する筆者の幾つかの疑問および反論の詳細を提示すべきであるが、紙数の都合によりここでは割愛する。古田武彦氏の鉄剣銘文への史料批判[注12]が幾つか公刊されているので、そちらを参考にされたい。）

更に、雄略天皇の没年を検討してみると、『日本書紀』の紀年では、四七九年（己未年）の八月七日、『古事記』細注では「己巳年八月九日崩也」とする。通説では、己巳年＝四八九年と比定するので『日本書紀』とは十年の違いはあるが、これらの紀年が概ね正しいと仮定した場合、〈武＝雄略〉説からすれば、四七九年（あるいは四八九年）以後に倭王武側から南朝への朝貢は論理的に存在し得ないこととなろう。実際に、次節で見るように、従来の通説では、『南斉書』および『梁書』に記載する倭王武への爵位の授与は、倭王武からの朝貢を伴わない（倭王武の在位・生存すら確認しない）中国側からの一方的な爵位の進号であったという奇妙な解釈がなされてきたのである。

四、「倭の五王」の南朝への遣使の終焉時期について

本稿の冒頭部で紹介した『古代日本対外交流史事典』には、〝倭国の南朝への朝貢が四七七年／四七九年を最後に中国史料にみえなくなる〟という趣旨の記述が散見される。

◇（五〇頁）「宋代における倭国の遣使は、永初二年（四二一）に始まり、昇明元年（四七七）まで続けられた〔廣瀬〕。『南斉書』倭国伝、『梁書』倭伝によれば、倭王武は建元元年（四七九）に鎮東大将軍、天監元年（五〇二）には征東将軍（『南史』倭国伝では征東大将軍）に任命されているが、これらは王朝創業時の進爵であるので、倭国の遣使は宋の滅亡後は途絶えていたと考えられている。」（廣瀬憲雄氏の解説）

◇（七八頁）「五世紀に活発な外交を展開した倭の五王は、四七九年（建元元）の南斉遣使を最後に中国正史の記録から姿を消した。」（河内春人氏の解説）

◇（一四三頁）「倭国による南朝への朝貢は四七九年を最後に中国史料にみえなくなる。」（河上麻由子氏の解説）

ここで、宋末から陳にかけての倭国と南朝との交流を記載する史料を確認しておく。

○『宋書』巻十 順帝本紀〔昇明元年（四七七年）〕冬十一月己酉 倭國 遣使獻方物

○『宋書』巻十 順帝本紀〔昇明二年（四七八年）〕五月戊午 倭國王武 遣使獻方物 以武爲安東大将軍（巻九十七 夷蛮伝倭国の条にも、順帝昇明二年 遣使上表 曰～とある。）

○『南斉書』巻五十八 東南夷傳 倭國傳 建元元年（四七九年）進新除使持節都督 倭 新羅 任那 加羅 秦韓〔慕韓 *〕六國諸軍事 安東大将軍 倭王武 號爲鎮東大将軍（*『南斉書』は「慕韓」を欠く。「六國」の号により『南史』に従って「慕韓」を追補した。）

○『梁書』巻二 武帝本紀 中〔天監元年（五〇二年）四月戊辰〕鎮東大将軍 倭王武 進號征東将軍（『南史』巻六 梁本紀にも、征東将軍とある。）

◯『梁書』巻五十四 東夷傳 倭傳 高祖即位 進武號征東将軍*（梁の高祖武帝の即位は五〇二年。武帝本紀と同じ内容である。『南史』巻七十九 東夷伝・倭国の条は「征東大将軍*」とする。）

◯『建康實録』巻十九 世祖文皇帝 天嘉二年（五六一年）正月 高麗 倭國 及 百濟 竝遣使貢方物 六月 齊人通好 冬十月 乙卯 東夷 遣使朝貢（『陳書』巻三 世祖紀：天嘉二年正月の条には外国遣使の記事無し。天嘉二年十一月乙卯の条に、高驪國*遣使獻方物 とあるが、倭國の記述は無い。*高驪國のことは、天嘉三年閏二月己酉の条に、以百濟王餘明 爲撫東大将軍 高句驪王高湯 爲寧東将軍とある。）

右のような史料状況であるにも拘らず、従来の通説では、四七八年の倭から宋への遣使・朝貢までは認めるが、四七九年の南斉への遣使・朝貢および五〇二年の梁への遣使・朝貢は認められないという解釈であった。ましてや、五六一年の陳への遣使・朝貢に関しては、『建康實録《ケンコウジツロク》』（唐の許嵩《キョシュウ》の著作、八世紀中頃の成立とされる）の記事自体に触れることもなく、検討対象としていない研究者がほとんどなのである。『建康實録』が「正史」ではなく、また史料としての信頼性が乏しいという先学の評価に起因するものと思われる。

では、四七九年の南斉との関係および五〇二年の梁との関係は通説ではどのように理解されてきたのであろうか。河内春人氏の『倭の五王』（二一一頁）には、〝これらの史料によれば、四七九年に武は安東大将軍から鎮東大将軍に昇格し、五〇二年にさらに征東大将軍へと進んだことになる。しかし、この記事から外交関係が続いていたと断定することはできない。五王研究の第一人者である坂元義種は、これらの記事は武が派遣したのではなく、新王朝の成立の際の記念の昇進であると論じた。たしかに昇進したとだけ記されており、使節が到来したとは書かれていない。特に『梁書』では諸国の称号が一斉に昇格しており、坂元の指摘はこれまで合理的な史料解釈として受け入れられてきた。〟と要領よく総括されている。坂元義種氏の見解は『古代東アジアの日本と朝鮮』などに纏め[注13]られていて、関連史料の厳格な評価がなされているが、主として「正史」だけに限定した考察であり、必ずしも中国史書全般を対象とした議論ではないことに注意する必要があろう。また、坂元氏の考察には国内史書の検討・批判は含まれておらず、「倭の五王」をヤマト王権の「天皇（大王）」に比定する方法論には言及せず、非常に慎重な研究姿勢を保っていることは注目に値する。『国史大辞典』の「倭の五王」項の坂元氏の解説にも、(注14)中国史書と国内史書との安易な比較を行なうことへの慎重な態度が覗えて興味深い。

坂元義種氏の理解のように、爵位進号（昇進）の記事しかなくて遣使・朝貢のことが明示されていないのであるから、厳密な史料解釈としては、倭からの朝貢は無かったのであろう、とするのは妥当であろうか。筆者には、遣使・朝貢していない夷蛮の国に対して南斉も梁も自主的に進んで一方的に爵位進号したという理解の方が、理解しがたい。朝貢しない夷蛮の国は、政治的には存在しない国であり、たとえば『（北）魏書』の列伝は南朝にのみ朝貢していた「倭」を記載していないが、それが通常の中国側の外交上の扱いなのである。したがって、『南斉書』や『梁書』が倭を例外的な扱いにしているということが示されない限り、爵位進号があった背景には当然倭からの遣使・朝貢が存在したという前提が共通認識として当時の中国の知識人層にあったと考えるのが妥当であろう。少なくとも、『南斉書』や『梁書』の読者は、そのように読み取ったと思われる。

五、「梁 職貢図」および関連資料をめぐって

前節に示した私見はあながち筆者の主観的な解釈ではない。二〇一一年に中国で「梁《リョウ》 職貢図《ショクコウズ》」関連の新資料が発見されたとの報告(注15)があった。「梁 職貢図」は、後に元帝として即位する梁の蕭繹《ショウエキ》が六世紀前半に作成したものとされ、外国からの遣使の姿を描き、題記を添えていたと思われる。原本は失われ、四種類の後代模写本が現存するという。新しく見出されたのは、葛嗣浵《カツシトウ》『愛日吟廬書畫續録《アイジツギンロショガショクロク》』（二十世紀初頭成立 四庫全書に収録）に記載されていた清代の張庚《チョウコウ》「諸番職貢圖巻《ショバンショクコウズカン》」題記（十八世紀前半成立）である。十八カ国分の題記の佚文《イツブン》と思われるものが確認された。北宋本の「梁 職貢図」の題記・十二カ国と重複している部分があり、重複する部分でも従来の欠落部分を補える箇所があり、重要な発見である。

インターネットサイト・中國哲學書電子化計劃の影印文面で「倭国」の項を示す。

○愛日吟廬書畫續錄三〔(影印には巻五とある) 原書來源：北京大學圖書館〕

倭國在東南大海中依山島為居地氣溫煖出珍珠青玉無牛馬虎豹羊鵲男子皆黥面文身以木綿帖頭衣横幅無縫但結束相連好沈水捕魚蛤婦入只被髮衣如單被穿其中貫頭衣之男女徒跣好以丹塗身種稲禾麻苧蠶桑出袖布縑錦兵用矛盾木弓箭用骨為鏃其食以手器用籩豆死有棺無槨齊建元中奉表貢獻

愛日吟廬書畫續錄　卷五

倭國在東南大海中依山島為居地氣温煖出珍珠青玉
無牛馬虎豹羊鵲男子皆黥面文身以木綿帖頭衣横幅
無縫但結束相連好沈水捕魚蛤婦人只被髮衣如單被
穿其中貫頭衣之男女徒跣好以丹塗身種稲禾麻苧蠶
桒出紬布縑錦兵用矛盾木弓箭用骨為鏃其食以手器
用籩豆死有棺無槨齊建元中奉表貢獻
高句驪舊東夷夫餘之別種也漢世居玄菟之高驪縣故
以號焉光武初高句驪王遣使朝貢則始稱王其俗人性
凶急惡而潔淨自善婦人衣白而男子衣袺錦飾以金銀
貴者冠幘而無後以金銀為鹿耳羽加之幘上賤者冠折
風其形如古之弁穿耳以金環上衣曰表下衣曰長袴腰

「愛日吟廬書畫續錄三」影印

【参考】○北宋本「梁 職貢図」題記（×は欠損箇所）

倭國使　倭國在帯方東南大海中依山島居　自帯方循海東乍南×〔乍／下？〕東對　其北岸　歴三十餘國　可万餘里　倭王所×××〔居大抵？〕在會稽東　氣暖地温　出真珠青玉無牛馬虎豹羊鵲（欠落／四文字？男子皆黥？）面文身以木綿帖首衣横幅無縫但結（以下 欠損）

両者を比べると、『愛日吟廬書畫續録』に記載された張庚「諸番職貢圖巻」の題記は北宋本「梁 職貢図」題記と直ちに同じものとは言えないし、「梁 職貢図」題記とされる文章の表現は、『三国志』の倭人伝と似た表現があることは事実であるが、現存部分からは、倭人伝だけに依拠した記述とまで断定するのはためらわれ、『後漢書』や『梁書』の表現に近い部分も認められる。資料間の詳細な比較・検討は今後の課題であろうが、いずれにしても、この新資料の発見により、「梁 職貢図」の原資料の題記に建元年間における倭国の南斉への朝貢を示す文面が存在した可能性があることが判明した。もしこれが間違いでなければ、『南斉書』の倭王への進号記事と対応する倭国側の遣使・朝貢が存在したことを示唆するものと考えられる。坂元義種氏の「倭からの朝貢が無い状態での中国側の一方的な爵位進号行為」という見解の一部が疑わしくなったと言えよう。（近年刊行された日中交流史の論集や啓蒙書においては、従来の通説である坂元氏の見解の見直しを示唆する指摘も幾つか見られる。）また、倭国の梁への遣使・朝貢も、梁朝政権の中枢部の人間により「職貢図」あるいは「職貢図巻」という図録・解説書が著作されているのであるから、『梁書』に朝貢が明記されていなくても、倭国使の派遣・朝貢が存在したと推定する方が自然ではなかろうか。通説では、「梁 職貢図」の倭国使の図自体が、実際に見聞したものではなく、『三国志』などの過去の文献に記載された倭人の描写に基づき想像で描かれたもの（従って実際には倭国使は梁に来ていない）と見做す見解が主流であるが、仮に描かれている倭国使が想像図であったとしても、梁の時代に倭国から遣使が来訪したという事実を反映した記録として解釈するのが妥当な見方ではないかと思う。従来の南斉や梁への倭王武の遣使・朝貢を認めない見解の背景には、暗黙裡に〝武＝雄略〟説が前提とされ、国内史書の雄略天皇没年への「配慮」が存在したのではないだろうか。

私見では、もともと、進号記事と朝貢記事を厳密に分離して独立に考察しようとしたことが、大いに疑問である。常態として、当然「進号」に対応する付随した「遣使・朝貢」が存在したことが前提とされるべきではないであろうか？　また、『建康實録』に明示された朝貢記事も、特段の否定論証が示されない限り無視できないこととなろう。結局、倭国から南朝への朝貢は、五世紀初め〔義熙九年（四一三年）東晋・安帝へ（『晋書』巻十 安帝本紀）〕から六世紀の中葉〔天嘉二年（五六一年）正月 陳・文帝へ（『建康實録』巻十九 世祖文皇帝）〕まで、連綿として継続していたという、極めて常識的・一般的な理解に落ち着く。従来の通説である、倭国の南朝への朝貢は宋を最後に途絶えて、南斉、梁、陳への直接的な朝貢はないままに、中国側からの一方的な「爵位進号」が行なわれ、「梁 職貢図」への記載が（梁への朝貢実態が無いにも拘らず）行なわれた、という不自然で奇妙な理解は、改められるべきではないだろうか。私見のような理解は、『隋書』において、「自魏至于斉梁代與中國相通」とあり、また、『北史』においても、「歴晋宋斉梁朝聘不絶」とある中国側の認識とも矛盾していない。（注16）つまり、中国側も、三世紀から六世紀にかけて倭国から南朝への朝貢は絶えず続いていた、という認識であり、上記の私見の理解は、史料を先入観なく読めば、誰でも同じ認識に達し得るといえよう。〝直接的な朝貢記事が「正史」に存在しないから朝貢は無かったのである〟と判断することは、史料の厳密な解釈の仕方の様でありながら、必ずしも論理的・史料批判的に的確な解釈ではない場合も考えられる。史書に書いていないことは、（そのことが無かった可能性が高いにしても）絶対にそれが無かったという証拠にはならないのである。他の資料や状況証拠から、史書に記載されていないことでも、存在した可能性が高くなる事例が、まさに、『愛日吟廬書畫續録』中の張庚「諸番職貢圖巻」・倭国記事の発見であったと評価できよう。

六、「推古朝の遣隋使」の通説は成立しない

五八九年に陳を滅ぼして中国全土を統治した隋の時代になって、『隋書』（注17）が倭国（俀《タイ》国）との交流史を比較的詳しく記述していることはよく知られている。一方で、『日本書紀』巻二十二・推古紀にも中国（「唐」または「大唐」と記す）との交流記事が存在する。通説は、これを「推古朝の遣隋使」として理解し、『隋書』の俀国朝貢記事と比較・検討することにより、推古朝の諸政策を解明しようとするのである。教科書にもヤマト王権が律令制国家を形成しようとする契機となった重要な出来事として扱っているので、推古天皇、「聖徳太子」、蘇我馬子による外交政策の一環として小野妹子の派遣を含む「推古朝の遣隋使」は、半ば「国民的常識」となっている。しかし、『隋書』と『日本書紀』の記事を詳細に検討すると、とても同一事象を記述したものとは考えられない不整合や矛盾が幾つも存在することが分かる。既に本誌の前号（第二十五集）にこの件を分析した拙稿（注18）を発表しているので、詳細はそちらを参照してもらうことにして、ここでは、史料解釈の方法論の視点から、通説に対する疑問を提示する。

まず、『隋書』では、倭国から隋への最初の遣使は開皇二十年（六〇〇年、隋の初代皇帝である高祖・文帝の治世）となっている。しかし、推古紀の紀年で該当年次にあたる推古天皇即位八年の条には、対応する記事が皆無である。それにも拘らず、たとえば、河上麻由子氏の『古代日中関係史』（前掲注5）では、〝六〇〇年、倭国は初めて隋に使者を派遣した。『日本書紀』に記載はなく、出発年や帰国年、使者の名称などは全くわからない。だが、『隋書』

東夷伝、倭国条は、次のように記している。…（「兄弟統治」に関する引用文とその解説：略）… 一〇〇年以上の時を経て中国を訪れた倭国の使者は、通訳の言語能力に問題があったのかもしれない。〃と述べる（六九頁～七〇頁）。この説明では、「第一回目の遣隋使」において、『日本書紀』推古紀には無い「兄弟統治」の情報を『隋書』が載せるのは、通訳の言語能力に問題があった所為かも知れないという憶測で処理し、派遣自体を『日本書紀』が記載していないことをあまり重視していないようである。

この「第一回遣隋使（六〇〇年）」の後に推古紀では冠位十二階（六〇三年）、十七条憲法（六〇四年）が制定されたのであるから、画期的な出来事であるはずにも拘らず、「派遣の事実」が無視されている推古紀の書き振りが異常だと河上氏は思わないのであろうか？ それどころか逆に、〝遣隋使派遣の主体は、『隋書』が倭王の姓名をアメタリシヒコとすることから、男性であったことがわかる。摂政である聖徳太子が遣使を主導したのであろう。〃と推測している（七四頁～七五頁）。アメタリシヒコについて『隋書』は幾つかの情報を記載しているが、それらが『日本書紀』が描く「聖徳太子（厩戸王）」像と一致するか否かの検証は一切なされないままに、「六〇〇年の第一回遣隋使」があたかも推古朝の確実な史実のごとく前提とされているのである。これでは、両史書を真摯に比較・検討しているとは言い難いのではなかろうか。

従来から、両史書の記述が合致する確実な史実として見做されてきた、大業三年（六〇七）の「小野妹子の遣隋使」、大業四年（六〇八）の裴世清の日本列島への訪問についても、前掲注18の拙稿において、その対応関係が成立せず、到底、歴史上の同一事象とは見做し得ないことを示したつもりである。ところが、河上麻由子氏の『古代日中関係史』では、両史書の「国書」あるいは「書状」の内容があまりに相違することに関連して、〝中身には『日本書紀』編纂者による改竄があるという〃通説を引き合いに出して、〝六〇七年遣隋使の記載に関して、『日本書紀』から事実を抽出することは不可能である。『隋書』と『日本書紀』とを比較して、史料価値が高いのは『隋書』である。〃というような単純で安易な二者択一式の史料価値の評定（一〇一頁）がくだされている。本稿で注目している史料解読の方法論の視点からは、多岐に亘る両史書の記述の少なくない相違点を一概に片方の史書（この場合は『隋書』）の史料価値に軍配を挙げて「解決」させる手法は、推古朝の分析が本来『日本書紀』を中心とした国内文献に依拠して進められるべきものであるという原則から大きく逸脱することになりはしないかという疑念が生じる。『隋書』には推古天皇の姿は全く現れないのであるから、『隋書』の倭国（俀国）関連記事を勝手に推古朝に結び付けて解釈することは論者の責任であって、『隋書』や『日本書紀』の編纂者のあずかり知らぬところであろう。

私見では、両史書の少なくない相違点の解決に向けて、これを妨げている史料解読の方法論上の要因の一つとして、前述の〈倭王＝天皇〉という大前提の桎梏《しっこく》から少なくない研究者が抜け出せておらず、この先入観に囚われているからではないかと考える。その点、河内春人氏は『倭の五王』（前掲注4）の「あとがき」で、〝本書は通説に異を唱える内容を含んでいる。しかし、学問とは既成の通念を問い直すことを旨とするものだと考える。〟と結んでいる。実際に、河内氏の著書において幾つかの新しい視点が導入され意欲的な議論が展開されている。その「問い直し」が国内文献の過誤・改竄論だけに傾くのではなく、日中史書間の記述の相違点が根源的に何に由来するのか、従来の通説に忖度することなく、問い直していただくことを期待したい。

七、おわりに／これからの「多元史観」・「九州王朝」論の展望

紙数の都合で、具体的には、「倭の五王」と「推古朝の遣隋使」に関する全般的な二、三の話題にしか触れられなかったが、本稿で示したかったのは、大陸側の史書の記述と国内史書の記述の間に大きな相違・齟齬がある場合、それぞれの史料性格・史料価値に沿って、釣り合いの取れた歴史理解を進める努力をしようという提案である。十分な検証・論証も無いままに、「どちらかの史書の間違いであろう、あるいはどちらかが改竄された結果であろう」という安易な手段に走ることには慎重でありたい、という自戒を込めたものである。その際の具体的な阻害要因として存在している「ヤマト王権一元史観（一例として、〈倭王＝天皇〉という未証命題を大前提に議論することが挙げられる）」

を自覚的に克服し、「多元史観」の視点を持ちながら、東アジアの古代史を研究していくことが大切であると思う。

今年（二〇二三年）は、古田武彦氏の『失われた九州王朝』が刊行された昭和四十八年（一九七三年）から五十年の節目の年にあたる。一九七三年は、古代日中交流史の研究史上で画期的な年であったと思う。その年の一月に笠井倭人氏の『研究史 倭の五王』(注19)が刊行された。それまでの「倭の五王」研究の歴史を分かり易くまとめ、主要な学説を要領よく紹介した良書である。その最終章で、笠井氏は坂元義種氏の一連の研究（前掲注13を参照）を高く評価し、〝「倭の五王」の研究は坂元の業績によって、一躍新しい夜明けを迎えようとしている。その夜明けの明星を暁の空に仰ぎつつ、私もまた研究史の筆運びを終りたいと思う。〟と結んでいる（二三八頁）。筆者が今振り返るに、その「新しい夜明け」は、笠井氏の予想外の形で進んでいくことになった。その年八月に刊行された『失われた九州王朝』を端緒として、一九八〇年九月の『文芸研究』に掲載された論考、(注20)一九八二年七月の『史学雑誌』に掲載された論考(注21)および一九八三年に刊行された『多元的古代の成立』上下巻（前掲注7を参照）に至る十年間に、古田氏は「多元史観」を深化させていったのである。それとともに、賛否両論の激しい議論が生じたことも事実である。その後の経緯については既に第二節で略記したが、現在の古代史学界が「多元史観」を（表面上）無視し続けていることは、学問の発展にとって非常に不幸な状況ではないかと筆者は危惧している。

たとえば、古市晃氏の『倭国―古代国家への道』（前掲注6を参照）では、折角「大王」または「王」の多元性を指摘して意欲的な史料批判を実践しているにも拘らず、基本的な認識として、〝五世紀後半には王族一般とは区別された存在として、すでに大王が存在していたと考えられる。この「大王」が倭国を代表する「倭王」であることには、ほとんど議論の余地はない。これらの王族や大王のために用意されたのが、奈良盆地や大阪湾岸に集中する、王陵と通称される巨大前方後円墳であった。ただし、こうした文字資料や巨大前方後円墳の存在から確認できる倭王や王族の存在と、『古事記』や『日本書紀』（以下、記紀と略称することがある）に記される歴代天皇の実在性とは、厳密に区別して論じなければならない〟（一一頁）とか、〝ワカタケルは、宋に使者を派遣した倭王武にあたる。〟（一三頁）などといった従来の通説を絶対視するかのような強気の見解が披瀝されている部分があるのは、とても残念である。それらの見直し・再検証を含めて日本列島における根源的な統治権力構造の多様性・多元性を探求する謙虚な研究姿勢が求められているのではないだろうか。

本稿では、『後漢書』にある「倭奴国」、『梁書』にある「文身国」「大漢国」、『旧唐書』にある「倭」と「日本」との関係、などについて言及する余裕が無かったが、「倭」以外のこれらの国々についても、「多元史観」に基づいて新しい視点より多角的に考察する必要性を感じる。それらの解明が東アジア世界の交流史を真に理解する大きな鍵の一つとなるであろう。

［二〇二二年九月二十五日稿了］

【出典および注】

（注1）鈴木靖民監修、高久健二・田中史生・浜田久美子編『古代日本対外交流史事典』（八木書店 二〇二一年十一月刊） 国際的に研究の最前線で活動する新進気鋭、中堅研究者三〇名が学界の研究成果のエッセンスを込めて執筆した事典だという。

（注2）氣賀澤保規編『遣隋使がみた風景―東アジアからの新視点―』（八木書店 二〇一二年二月刊）『日本書紀』の推古朝「遣唐使」は従来説通りの「遣隋使」という理解で良いとする立場から、隋とヤマト王権の交流を分析し、推古朝の国内政策の理由付けを考察しようとする論集である。巻末のコラムが本書全体の論調と研究方法を総括するような啓蒙記事であり、「推古朝の遣隋使」説の本質を理解するうえで分かり易くかつ興味深い内容となっている。

（注3）石暁軍『隋唐外務官僚の研究―鴻臚寺官僚・遣外使節を中心に―』（東方書店 二〇一九年三月刊） 博引傍証の労作である。唐代に比べて隋代の史料分析には正確でない箇所が部分的に見られる。注18の拙稿の中でその点に触れた批評を述べている。

（注4）河内春人『倭の五王―王位継承と五世紀の東アジア』（中公新書二四七〇、中央公論新社 二〇一八年一月刊） 部分的に通説に異を唱える意欲的な啓蒙書である。ただし、中国史書と国内史書の不整合を一方の史料の過誤または改竄と考えて処理しようとする姿勢が散見され、少し残念である。提起される見直し・再検証が従来の通説の大枠内での議論に留まっていて、「多元史観」の視点は、再検討または批判の対象にすら取り上げられていない。

（注5）河上麻由子『古代日中関係史―倭の五王から遣唐使以降まで』（中公新書二五三三、中央公論新社 二〇一九年三月刊） 幾つかの新見解を提示しているものの、学界の定説を議論の基盤においている。その前提で史料の用語や文脈あるいは歴史著述家の心理な

どを解釈し直すというものであり、通説の穏当な発展方向を示唆する書籍といえよう。

（注6）古市晃『倭国―古代国家への道』（講談社現代新書二六三四、講談社二〇二一年九月刊）日本列島における国家形成史が主題であり、大陸側との交渉史については全面的に通説に依っている。「大王」に関する多元性を論じるが、議論の範囲は（主として国内文献により分析しているので）概ねヤマト王権の関連統治領域を中心とした限られたものになっている。『播磨国風土記』について多くの言及があるが、それらの内容解釈には疑問な点が少なくない。地方の源伝承とヤマト王権側の伝承との関係性をどう捉えるか明確な方法・基準を示しておらず、風土記編纂者の立場や視点をあまり考慮していない曖昧な分析手法のように感じる。

（注7）古田武彦『失われた九州王朝―天皇家以前の古代史』（朝日新聞社一九七三年八月刊、朝日文庫版一九九三年二月刊）において補章が加えられ、更に、「はしがき―復刊にあたって」「日本の生きた歴史（二）」「索引」が追加されたミネルヴァ書房版（二〇一〇年二月刊）が復刊されている。この書籍の後の「多元史観」の展開は、『多元的古代の成立（上）―邪馬壹国の方法』・『多元的古代の成立（下）―邪馬壹国の展開』（駸々堂出版一九八三年三月・四月刊、ミネルヴァ書房版二〇一二年十二月刊）に収録されている諸論考が参考になる。古田氏自身の「多元史観」（多元主義の史観）の要約は、「日本列島の古代史に対し、近畿天皇家を唯一の権力中心・伝承中心と見なさず、それは〝本来、多元的な中心をもつもの〟との視点から考察する立場」である。（『多元的古代の成立（上）―邪馬壹国の方法』駸々堂版四七頁）晩年の全般的な解説書として、『古田武彦が語る多元史観―燎原の火が塗り替える日本史』（ミネルヴァ書房二〇一四年十月刊）がある。

（注8）安本美典『古代九州王朝はなかった―古田武彦説の虚構』（新人物往来社一九八六年六月刊）。一九八〇年代前半の、古田氏と安本氏の激しい論戦の雰囲気を学界・読書界の背景と共に知りたい人にとっては、貴重な書籍である。安本氏は、古田氏の論稿の「感情的表現」「主観的表現」「断定的表現」を心理学的・社会学的な文章表現形式の問題として主に非難しているが、史料解読の方法に関する古田氏への論難は妥当でない指摘が少なくない。それは安本氏の史書を解読する基本姿勢が、〝『魏志』「倭人伝」以後の中国の史書の中にあらわれるわが国についての記載で、わが国の史書と対照できるものについてしらべてみると、ほとんど必ずといってもよいほど、中国の史書の中に、誤りを見出すことができる。〟という自己の確信に基づくものであり、中国の史書の記述と国内の史書の記述に相違・齟齬がある場合、国内の史書を必要以上に優先・尊重することに起因している。また、〝九州王朝について、なんら確証できる文献がなく、中国側文献の記すところと、日本側文献の記すところが、くいちがうところがあるから、九州王朝が存在したというのでは、証明にならない。想像説をでない。〟と総括している。恐らく、従来の通説に拘泥する研究者の多くの思いを代弁している文章ではないか、と思われる。確かに常識論としては説得力があるように見えるが、実は、（従来認識されてこなかった）未知のものを探求する手段としての仮説の役割を否定するような科学的でない極論を安本氏は述べているのである。古田氏が『失われた九州王朝』で（天動説に対比させて）地動説を引用しているのは、近代科学における仮説の役割を軽視・無視するような批評に対して「九州王朝」仮説の有効性・現実性を読者自らに確かめてもらいたいという

意図があったと思われる。

（注9）たとえば、藤間生大『倭の五王』（岩波新書 青版六八五、岩波書店 一九六八年七月刊） 讃・珍の系統と済・興・武の系統は別系統とする。

（注10）たとえば、原島礼二『倭の五王とその前後』（塙選書七〇 塙書房 一九七〇年四月刊） 五世紀には男系上のつながりをもたない大王家（王統）が二つ存在したと想定する。

（注11）たとえば、都出比呂志・田中琢編『古代史の論点4 権力と国家と戦争』（小学館 一九九八年三月刊）では、佐藤長門「倭王権の列島支配」において、〔武＝雄略〕説を含む通説に依る濃縮した国家形成史が示されている。また、森公章『倭の五王 5世紀の東アジアと倭王群像』日本史リブレット 人 〇〇二（山川出版社 二〇一〇年四月刊）では、「倭王武＝ワカタケル＝雄略天皇と確定して、記紀の系図と倭の五王の系譜を比較すると、済は允恭天皇、興は安康天皇に比定できる。和風謚号のどの部分を漢字一文字に置換したかは問題が残るが、この三人の比定はまちがいない（ただし、この比定が有力説であるにしても、倭王興の遣使年次と記紀の安康・雄略の在位年代が合致しないという問題はなお残る）。讃・珍は記紀の天皇の在位年次と系譜関係を調整できず、応神〜反正のどの天皇に比定するかは確説がない。また『宋書』倭国伝では珍と済の関係が示されていないので、ここに王統の断絶、二つの王統の存在を想定する見解も存する。」と諸学説が不安定要素を含む現状を説明していながら、〔武＝雄略〕説だけは不動の確説として扱っている。

（注12）たとえば、『関東に大王あり―稲荷山鉄剣の密室』（創世記 一九七九年十一月刊）、『古代は輝いていたII―日本列島の大王たち』（朝日新聞社 一九八五年二月刊、ミネルヴァ書房版 二〇一四年五月刊）など。

（注13）坂元義種『古代東アジアの日本と朝鮮』（吉川弘文館 一九七八年十二月刊）、『倭の五王―空白の五世紀』（教育社 一九八一年九月刊）、「論説 東アジアの国際関係」（『岩波講座 日本通史 第2巻 古代1』（岩波書店 一九九三年十月刊）に収録）など。坂元氏の論稿には参照文献のリストに「九州王朝」関連のものは無く、史料リストにも、『建康實録』は挙げられていない。

（注14）『国史大辞典』（吉川弘文館 一九九三年完結）の「倭の五王」の項目（坂元義種氏の解説）では、〝なお、倭の五王を『古事記』や『日本書紀』の伝える天皇に比定し、讃を応神・仁徳・履中のいずれか、珍を反正、済を允恭、興を安康、武を雄略などにあてることが多い。しかし、比定の根拠となっている年時・系譜・名共に問題があり、その確定にはなお慎重な検討が必要である。〟としている。ちなみに、稲荷山古墳出土鉄剣の銘文が世に知れ渡ったのは一九七八年九月以降であるが、一九九三年の時点で通説の見解（ワカタケル＝雄略＝倭王武が熊本県から埼玉県までの領域を支配圏におさめていた、とする説）に俄かに同調せず、慎重な姿勢を保っているのは注目に値する。

（注15）もとの論文は、趙燦鵬「南朝梁元帝《職貢圖》題記佚文的新發現」（『文史』二〇一一年第1輯 中華書局、北京 二〇一一年二月）であり、インターネットでも閲覧可能である。https://www.docin.com/p-213449130.html

（注16）倭から陳への朝貢に言及しないのは「正史」に記録が留められていない所為か、隋が直接に陳を滅ぼしたことによる所為なのか不明である。
（注17）『隋書』（百衲本）において、煬帝本紀では「倭《ワ》」、音楽志、東夷伝では「俀《タイ》」という文字を使っている。「倭」と「俀」は互換性のある文字として事実上同一視してよいという理解が一般的である。しかし、両字は明らかに異なる音韻を有するから、『隋書』の編纂者が何か意図的に使い分けたのではないかという指摘もある。古田武彦氏は、「倭」と「俀」はその実体が異なるという説を『失われた九州王朝』において提示したが、それに対しては多元史観の論者からも異論が出ている。
（注18）谷本茂「「鴻臚寺掌客・裴世清＝隋・煬帝の遣使」説の妥当性について」（古田史学の会編『古代に真実を求めて 古田史学論集第二十五集 古代史の争点』（明石書店 二〇二二年三月刊）に収録）
（注19）笠井倭人『研究史 倭の五王』（吉川弘文館 一九七三年一月刊）
（注20）古田武彦「日本書紀の史料批判」（『文芸研究』九十五集、日本文芸研究会 一九八〇年九月刊） 前掲注7『多元的古代の成立（上）』に収録。
（注21）古田武彦「多元的古代の成立」（『史学雑誌』九十一―七、史学会 一九八二年七月刊） 前掲注7『多元的古代の成立（上）』に収録
※谷本茂の電子メール：shigerut@hi-net.zaq.ne.jp

九州年号の証明——白鳳《はくほう》は白雉《はくち》の美称にあらず

服部静尚

一、はじめに

古田武彦氏は『失われた九州王朝』（一九七三年）で、継体（五二二年元年）から大化六年（七〇〇）に至る九州年号の実在を示し、大宝建元の年（七〇一年）に、九州年号を定めた九州王朝から大和朝廷へと王朝交代されたのだと論証された。その際、古田氏は栗田寛氏の『逸年号考』や、久保常晴氏の『日本私年号の研究』が示す「平安・鎌倉時代の僧徒が偽作とする説」を否定された。平安・鎌倉時代どころか、奈良時代の『続日本紀』に白鳳・朱雀という九州年号が現れるのだから、古田氏の指摘は至極当然である。

ところが、五十年近く経った現在に至るまで九州年号を歴史学者は認めていないし、研究対象としても認めていない。この理由はハッキリしている。「白鳳は白雉の美称」「朱雀は朱鳥の美称」と、坂本太郎氏[注1]が論証されていたからである。坂本氏は、伴信友氏他の先人の説を塗り替え集大成し確立された。これによって『続日本紀』聖武天皇の詔にある「白鳳以来朱雀以前」も、その（九州年号実在の）証拠としての重みを失わせてしまうのである。つまり、坂本説を論破せずして九州年号の証明は完成しないのである。

先日、谷本茂氏にお教えいただいたのだが、古田氏はこの坂本説（通説）に対しても具体的に反論されている。[注2]

しかし通説学者には全く響いていないようである。これでは何時まで経っても、九州年号が倭国で実際に用いられていた年号であったことが認められないではないか。そこで非力ながら当稿では、坂本説を精査した上で再度反証を試みることにする。

二、坂本氏の論証を追う

氏は、次のような順に「白鳳は白雉の美称」であると論を展開する。

（1）『藤氏家伝』大織冠伝に「白鳳五年秋八月、詔曰、尚道任賢、先王彝則、褒功報徳、聖人格言、其大錦冠内臣中臣連、功侔建内宿禰、位未允民之望、超拝紫冠、増封八千戸。」とある。これに対して『日本書紀』孝徳紀には「（白雉）五年春正月戊申朔夜、鼠向倭都而遷。壬子、以紫冠授中臣鎌足連、増封若干戸。」とある。以上より、天平宝字（七五七〜七六五年）の頃（『藤氏家伝』が成立した頃）において、孝徳期の白雉があるいは白鳳と呼ばれたかを推測する端緒を得られる。

（2）さらに、『古語拾遺』（八〇七年完成）「至于難波長柄豊前朝白鳳四年、以小花下諱齋部首作賀斯拝祠官頭」および『類聚三代格』天平九年（七三七）三月十日太政官奏「従白鳳年、迄于淡海天朝、内大臣割取家財、為講説資。」の後者は白鳳号の初見を天平宝字より天平まで遡らせる。

そして『続日本紀』神亀元年（七二四）十月丁亥朔治部省奏言の詔報に「白鳳以来朱雀以前、年代玄遠尋問難明。」とあることより、伴氏の言う「白鳳は白雉の一名であるが、孝徳・斉明・天智三代と、天武の時に再び用いられた」説も否定しうる。白雉が奈良朝を通じて白鳳と称せられた。

（3）白鳳号の出現は『日本書紀』成立の養老四年（七二〇）より神亀元年（七二四）に至る四年間となる。この神亀の改元は白亀を得たのに基づいている。そして神亀は初め白亀と呼んだ形跡がある（伴信友『比古婆衣』全集第四、三二五頁）。白亀は六典祥瑞（同じものが延喜式に見える）に見えないが神亀は大瑞である。景雲・養老・神亀いずれも大瑞に基づいている。白亀→神亀、白雉→白鳳、同時期の大瑞への呼び換えは偶然とみなすべきでない。
（4）大織冠伝には、白鳳十二年（六六一年か）（百済の）福信の要望に対して救軍派兵の準備。白鳳十三年（六六二年か）斉明が西征のため初めて海路に就くとある。当局は、もとより代変わりとともに、旧年号の廃止を認めたであろう。しかし、世人に対して、とくにその意思を表明することはなかった。そこで、白鳳号の継続を世人が信じたことは、さらに不思議とすべきでない。『一代要記』に白鳳二十年が見え、『扶桑略記』小角君伝に白鳳四十七年、白鳳五十六年が見えるのは、もとより事実として信憑するに足りぬけれども、その語の発生を許したところに、白鳳号の継続が民間にはいかに曖昧であったかを認めえる。
（5）天武朝白鳳説は、奈良朝および平安初期の文献に見いだせない。故に、天武白鳳説は少なくとも平安初期以前にはなかったと推測する。次に、天武白鳳説（白鳳元年を壬申六七二年におくものと、癸酉六七三年におくもの）の根拠となる各文献（『多武峯略記所引後記』、『袖中抄所引帝王系図』、『師元年中行事』、『袋草紙』、『愚管抄』、『皇代記』、『扶桑略記』、『水鏡』、『年中行事秘抄』、『興福寺略年代記』、『東寺王代記』）はいずれも後代のものである。その（『扶桑略記』・『愚管抄』など）内容は、史料製作時における巷説であり思想である。天武朝の事実を記したものとは信じ難い。そして、この天武白鳳説が、村上・円融の朝（九四六〜九八四年）に初めて現れ、堀河・鳥羽の頃（一〇八七〜一一二三年）から流布した。
　尚、氏は『興福寺年代記』『二中歴』『如是院年代記』の斉明天皇辛酉（六六一年）を白鳳元年とする文献をあげて、「これらは改元年度に関して、壬申・癸酉両説にも、またそれぞれ相互の間にも、まったく一致するところがない。私はいまさらにそれらの各各を批判する必要を感じない。」とする。
（6）孝徳朝の白雉が奈良朝に一名白鳳とされた。けれど白雉も無くならない。二つの年号はともに用いられて奈良朝から平安朝に至る。そこで一名という本質が忘れられ、白雉・白鳳がついに二つの異なる年号とする考えが起こった。これが、事実に基づかない天武白鳳説が後世に起こった理由である。
（7）さらに、続いて「朱雀は朱鳥の美称」であると論証する。

朱雀改元を『扶桑略記』は壬申年（六七二）とし、寛平二年（八九〇）に藤原村椙が貞観の縁起を筆削して著した『熱田大神宮縁起』は「天渟中原瀛真人天皇朱雀元年丙戌」と丙戌年（六八六）とする。氏は先の通り前者を事実とみなすことの危うさに言及し、後者をとる。対して『日本書紀』では、天武天皇丙戌は朱鳥改元の年である。白雉↓白鳳と同じく、朱鳥↓朱雀と転じたのではないか。そして、『淮南子』後漢の高誘註に「朱鳥朱雀也」とあることを根拠とする。（お気づきのように坂本氏は『二中歴』などの朱雀元年甲申六八四年説については、全く触れていない。）

（8）加えて氏は、建元・改元問題について次のように述べる。伴氏は、天武紀丙戌「改元曰朱鳥元年」とあることより、それ以前に年号があれば『続日本紀』大宝元年の時のように建元とされるはずだと指摘した。これに対して氏は、改元の語をさまで（ママ）重視する必要はない。なぜならば、大化元年の場合でも「改天豊財重日足姫天皇四年為大化元年」と記して、必ずしも建元と記していない。

三、坂本氏説を批判する

ここで、二に挙げた坂本氏の論証項目（便宜上、私が付した）番号順に反論を述べる。

（1）氏は『藤氏家伝』大織冠伝を拠り所に白鳳は白雉の一名とする。しかし大織冠伝のこの部分の記述は拠り所とできる記述であろうか。大織冠伝の当該記事は白鳳五年秋八月〜増封八千戸、対して孝徳紀は（白雉）五年春正月〜増封若干戸と、月が異なる。八千戸は若干戸であろうか。天武紀朱鳥元年八月条には「皇太子・大津皇子・高市皇子各加封四百戸、川嶋皇子・忍壁皇子各加百戸。癸未、芝基皇子・磯城皇子各加二百戸」。さらに持統紀五年正月条「増封、皇子高市二千戸通前三千戸、浄廣貳皇子穂積五百戸、浄大參皇子川嶋百戸通前五百戸、正廣參右大臣丹比嶋眞人三百戸通前五百戸、正廣肆百濟王禪廣百戸通前二百戸、直大壹布勢御主人朝臣與大伴御行宿禰八十戸通前三百戸」とある。鎌足の増封八千戸（さらに増封五千戸があって、併せて一万五千戸となる）は、異様に多く決して若干戸ではない。つまり大織冠伝は孝徳紀とは合致していないのである。

そこから白鳳は白雉の一名と結論するのは早計と考えられるのである。

実は、『続日本紀』天平宝字元年（七五七）十二月条では歴代功田の位（大功・上功・中功・下功）見直しの詔が出されており、「大織藤原内大臣乙巳年功田一百町大功世世不絶」あらためて大織冠を最高位の大功としているのである。『藤氏家伝』は、天平宝字二年大炊王（淳仁天皇）を擁立即位させ最高権力者となった恵美押勝によって七六〇年に成立したとされる。自らの祖を大いに虚飾・脚色するための文書であって、そこから白雉とまぎらわしい白鳳という年号の記憶が彼らにはあったということであろう。誤解なきように言うが、もちろん私は『藤氏家伝』の史料価値を否定するものでない。『日本書紀』と異なる別の種本もしくは伝承が併せて用いられているとの認識なのである。

（２）『類聚三代格』の白鳳記事、『続日本紀』の「白鳳以来朱雀以前、年代玄遠尋問難明」、七三七年・七二四年の両記事は（正木裕氏が指摘されるように）正しく公文書に白鳳年号が記されている記事である。七二〇年『日本書紀』を完成させた、その直後の大和朝廷内に白鳳・朱雀年号実在の記憶があったことは間違いない。

この点、古田氏は次のように指摘している。「いってみれば、聖武天皇も治部省の主たる官僚もしくは貴族も、できたての『日本書紀』を知っていた時期だ。そしてこれが正史だ。正しい歴史認識だということを宣布しようとしていた、まさにその時だ。だからもし白雉なら白雉、朱鳥なら朱鳥、それぞれ日本書紀通りに、正確に記すること、それこそ不可欠なことではないか、それを書紀にもない別の呼び換えで書くなどということはありうべきことではない。ましてそれが恣意的な在野人の言辞ならいざ知らず、至上の人聖武天皇の詔報ではないか。およそ考え難い。やはりここは、最近出された『日本書紀』という正史にもないような年号を使って言ってくるな、の意と解すること、それがもっとも自然なまた素直な理解ではあるまいか。そしてそのような理解は、近畿天皇家年号一元主義に立つ限り、結局不可能なのであった。」

（３）坂本氏が引用された六典祥瑞（尚、延喜式の方には傍線の説明がある）によると、
大瑞——景星・**慶雲**・黄眞人・河精・麟・**鳳**（鶴の如し）・**鸞**（翟の如し）・比翼鳥・同心鳥・永楽鳥

〜**神亀**（以下省略）

上瑞――玄鶴・青鳥・**赤鳥**・三足鳥・赤鶯・**赤雀**（以下省略）

中瑞――白鳩・白鳥・蒼鳥・**白雉**（以下省略）とある。

　養老四年（七二〇）より神亀元年（七二四）に至る間で、祥瑞に基づき、白雉（中瑞）からさらに二段階めでたい鳳（大瑞）に換えたと言う。これに対して、古田氏は「中瑞より大瑞の方がいい、こんな理由で年号を簡易に呼び換えうるものだろうか。（中略）昇瑞主義による呼び換えというアイデアは実証の裏付けをもたないのである。」と否定された。しかし私はそうは思わない。坂本氏は白亀の存在を示している。これは呼び換えの例と言えるのではないか。白亀と大瑞の鳳を発見した坂本氏のやった感を想像してしまうほど、私はこの論証にしばし感心してしまった。

　ところがその感心は一瞬にして興ざめしてしまったのである。六典および延喜式を注意深く見てみると、大瑞には六種の鳥名があがっている。そして、そこに鸞《らん》（翟の如し）があったのだ。鸞はまさしくキジ（雉・翟）なのである。つまり白鳳は白雉の美称にあらず、白鸞こそが白雉の美称だった。しつこいようだが「白鳳は白鶴の美称」なのである。残念ながら坂本氏は見落としされたのであろうか、ここにおいて氏の推論は全く根拠を失うのである。「白鳳は白雉の美称にあらず」。

（4）坂本氏は「当局は、もとより代変わりとともに、旧年号の廃止を認めたであろう。しかし、世人に対して、とくにその意思を表明することはなかった。そこで、白鳳号の継続を世人が信じたことは、さらに不思議とすべきでない。」とする。これに対して、古田氏は「当局が廃止の意思表明をしなかったから、世人は継続しているものと思っていた、などということは、何の実証的証拠もなく、氏の憶測にすぎない。（中略）要するに白雉と白鳳の年限が異なるため、両年号同一説を立てるためには、そうでもいう他仕方がない。これがありていな事実ではあるまいか。」と反論するが、坂本説の致命的な問題点についての指摘が欠けているように私には思える。

『藤氏家伝』を作った恵美押勝は世人なのかという問題である。いやいや、朝廷の中心人物、当局を代表する人物である。その当局を代表する人物が、あろうことか『日本書紀』に無い（白雉の美称でもない）白鳳年号を用いるのだから、白鳳年号を記す別の種本があった、もしくは押勝の半世紀前に白鳳年号が使われていたということが人々の常識であったと考えるほかない。そして、その干支年はともかく、白鳳十二年・十三年・十四年の存在はあながち否定できないのである。

次に、もっとも重要で、しかも坂本氏が考慮から全く漏らしてしまった所（漏らさねばならなかった理由は後述する）をダメ押しで指摘したい。年号のあり方である。もちろん年号が中国からの輸入であることを否定する方はおられないだろう。『史記』および『漢書』によると、前漢の孝文帝が「文帝十七年を止めてもう一度文帝元年から始めた。その際に改元後の表記を後元（必然的に改元前は前元となる）とした」ことに始まり、次の孝景帝は「景帝七年を止めて中元年とし、中元六年を止めて後元年とし」、さらに次の武帝の時には前・中・後ではなく一元・二元・三元と呼んだが「元は天のあらわす瑞祥によって命名すべきとの進言を受け入れ、一元を建元と命名し、二元を元光と命名し、三元を元狩と命名した」ことに始まる。元々「○○帝△年」としていた中での改元であるので、新しい皇帝の即位で必ず改元されるわけである。

私が調べた所、年号開始後の漢では二十二代にわたって新しい天子の即位で全て改元されている。その後も三国時代・晋・南北朝時代・隋・唐に至るまで、新しい皇帝即位での改元は踏襲されている。例外は無いのである。もちろんわが国でも、文武天皇の大宝以来この天平宝字に至るまでも新しい天皇即位で改元が行われている。恵美押勝を含めた天平宝字時代の人々にとって、新しい天皇即位で改元することは常識であったに違いないのである。そのような常識の中での白鳳十二年・十三年・十四年の記述なのである。『日本書紀』が描く世界では孝徳天皇の崩御・斉明天皇の即位で白雉年号は五年で改元を迎える。「白鳳は白雉の美称」であれば白鳳六年以降はありえない。（白鳳年号が十年以上続いた―九州年号白鳳は二十三年続く―と言う記憶に基づく）白鳳十二年・十三年・十四年と言う記述は、白鳳が『日本書紀』が描く大和朝廷（ヤマト王権と言うべきか）の年号では無いとの認識があっての記述と考えられるのである。ヤマト王権以外の王朝を認めていない坂本氏にとって、これは考慮から漏らさざるを得なかったのではないか。

(5)および(6)天武白鳳説の一部、白鳳元年壬申(六七二)説と癸酉(六七三)説の批判をして、坂本氏はこれらが巷説であり思想であるとする。そして、『二中歴』などが示す白鳳元年辛酉(六六一)説を、「これらは改元年度に関して、壬申・癸酉両説にも、またそれぞれ相互の間にも、まったく一致するところがない。私はいまさらにそれらの各各を批判する必要を感じない。」と一顧だにせずに切り捨てる。前項で、新しい天皇の即位で必ず改元されるという所を、坂本氏が漏らしていると指摘した。しかし、潜在意識の中で実は意識していたのではないかと私は疑う。白鳳元年壬申説は(天武即位改元として)理解できても、白鳳元年辛酉説は受け入れる余地が氏にはなかったのである。『日本書紀』が描く世界では全く考えられない白鳳元年辛酉説が、なぜ複数の史書に存在するのか。これこそ氏が論証しなければならない異説だったのであるが、ヤマト王権以外の王朝を認めていない坂本氏にはできなかったのである。

坂本氏は天武白鳳説が生まれるまでの経緯をまとめている。しかし前項までの批判の通り、氏の精微を極める論証は、白鳳元年辛酉説を検討せずに退けたことによって、極めて残念ながら画竜点睛を欠くことになったのである。

(7)坂本氏は「朱雀は朱鳥の美称」の根拠として、「朱鳥朱雀也」とする『淮南子』高誘註を挙げる。これに対して、古田氏は「この論法は全く適切でないように私には思われる。なぜなら朱鳥朱雀也というのは、ここでいう朱鳥とはその中でも朱雀のことであるという意味だ。決して朱鳥=朱雀というふうに、両者が全く同一で、呼び換え自由だという意味ではない。」と反論された。

私はこの反論も少し違うと思う。白雉→白鳳の場合は六典(尚書礼部)および延喜式(治部省)の祥瑞を挙げながら、ここではこれに触れない。ところが、三(3)項で示したように同じ上瑞に赤鳥と赤雀がある。つまり異なるもののようだ。赤と朱の違いがあるが赤鳥と赤雀は別物として記され、しかもどちらかが美称ということでもない。

そもそも、高誘註の意は「朱鳥と朱雀は同じ也」なのか、古田氏の指摘のように「朱鳥の中でも朱雀也」なのか、それともこれは私の想像だが「朱鳥は朱雀の誤り」なのか疑問がある。なぜならば『淮南子』には「大微は太一(天

払込取扱票

00	

口座記号・番号はお間違えのないよう記入してください。

口座記号	口座番号（右詰めで記入）	金額
※ 01010-6	※ 30873	千 百 十 万 千 百 十 円 ※

加入者名	※ 古田史学の会	料金		備考	

通信欄 ※

新入会専用

※ 該当するものに✓を入れて下さい
複数年分納入は年数を記入して下さい

- □ 一般会員 3,000 円（年 6 回会報）　　年分
- □ 賛助会員 5,000 円（会報と年 1 回会誌）　　年分
- □ 寄付（　　　　円）

ご依頼人
おところ ※ 〒　－
メールアドレス：
おなまえ ※
様
（ご連絡先電話番号　－　－　）

日附印

各票の※印欄は、ご依頼人様においてご記入ください。

ご依頼人欄に、おところ・おなまえをご記入ください。

これより下部には何も記入しないでください。

切り取らないでお出しください。

記載事項を訂正した場合は、その箇所に訂正印を押してください。

振替払込請求書兼受領証

口座記号番号	※ 01010-6 ※ 30873
加入者名	※ 古田史学の会
金額	千 百 十 万 千 百 十 円 ※
ご依頼人	おなまえ ※ 様
料金	（消費税込み） 円
備考	

日附印

この受領証は、大切に保管してください。

（ご注意）

- この用紙は、機械で処理しますので、口座記号番号および金額を記入する際は、枠内にはっきりとご記入ください。また、用紙を汚したり、折り曲げたりしないでください。
- この用紙は、ゆうちょ銀行または郵便局の払込機能付きATMでもご利用いただけます。
- この用紙をゆうちょ銀行または郵便局の渉外員にお預けになるときは、引換えに預り証を必ずお受け取りください。
- 払込みの際、法令等に基づき、運転免許証等、顔写真付きの公的証明書類のご提示をお願いする場合があります。
- この用紙による払込料金は、ご依頼人様にご負担いただきます。
- この用紙の通信欄・ご依頼人に記載されたおところ、おなまえ等は、加入者様に通知されます。
- この受領証は、払込みの証拠となるものですから大切に保管してください。
  なお、備考欄に「口座払」の印字をしたものは、通常貯金口座から指定口座への払込みが行われたものです。

収入印紙

課税相当額以上

貼　付

印

神）の庭、紫宮は太一の居所（中略）大微は朱鳥を中心とする」とあり、引き続いて「朱鳥は太陰の前一辰に在り、鉤陳は後三辰に在り、玄武は前五辰に在り、白虎は後六辰に在る」とある。後者はよく知られた四方司る霊獣四神の中の朱雀のことを朱鳥と称しているように思われる。対して前者は朱鳥が天神の中心とすると言っている。前者と後者で異なるものを言っているように思われるのである。つまり後者は朱雀の間違いではないかと解せるのである。以上の通り、少なくとも高誘註だけで「朱雀は朱鳥の美称」と断定するのは危ういのである。坂本氏はここでも朱雀元年壬申（六七二）説と、丙戌（六八六）説のみをとりあげ、『二中歴』などが伝える朱雀元年甲申（六八四）説をスルーする。『日本書紀』が描く世界では全く考えられない朱雀元年甲申説こそ、氏が論証しなければならなかった説であったのである。

（8）坂本氏は『日本書紀』で最初に現れる大化を引き合いに出して、「改天豊財重日足姫天皇四年為大化元年」最初の年号でも改元と記している。最初だからと言っても、必ずしも建元と記していないとする。

実はこれこそが、（『続日本紀』が記する近畿天皇家最初の年号、大宝建元記事と合わせて）大化年号他『日本書紀』が記する年号が、九州王朝の九州年号からの借用である証拠なのだが、（古田氏の言う）近畿天皇家年号一元主義に立つ坂本氏には見えなかったのである。

四、結言

（1）前項で、「白鳳は白雉の美称」「朱雀は朱鳥の美称」説は退けられた。では白鳳・朱雀年号の正体は何か。今回の批判の中で、①新しい天皇の即位で必ず改元される、②初めて年号を定める場合は建元、以降元を改める場合は改元という原則を示した。加えて③年号を定めるのは王朝のトップという原則もある。これらを適用すると白鳳・朱雀を含めた『二中歴』など複数の史書が示す大宝以前の年号は、『日本書紀』が描く世界では全く考えられない年号なのである。つまりヤマト王権以外の王朝が採用した年号との結論に至るのである。

（2）栗田寛氏や、久保常晴氏による「架空の古代年号は、僧徒などによって鎌倉時代以後に発生した偽作年号である」と言う説（所功氏もこの説をとる）を古田氏が否定したが、さらに『続日本紀』神亀元年（七二四）十月の詔「白鳳以来朱雀以前」に九州年号の構成要素である「白鳳」「朱雀」年号が現れることで完全否定される。偽作説をとる彼らが、唯一拠り所としていた坂本太郎説「白鳳は白雉の美称」「朱雀は朱鳥の美称」も今回完全否定されたのである。

（3）そして、九州年号つまりヤマト王権以外の王朝が採用した年号は、聖徳太子伝記（金光三年誕生・倭京七年崩御など）に記され、『本朝皇胤紹運録』などの天皇家系図に記され、『日本書紀』に一部（大化・白雉・朱鳥）流用されている。これらから、聖徳太子伝承は九州王朝の事績からの盗用の可能性が考えられ、七〇一年大和朝廷への王朝交代以前の天皇家は九州年号を使っていたと思われる。つまり、九州王朝の支配下にあった可能性が考えられるのである。

この稿は『多元』№一七三、二〇二三年一月に投稿掲載いただいたものを一部加筆したものです。

【注】

（注1）坂本太郎「白鳳朱雀年号考」坂本太郎著作集編集委員会編『坂本太郎著作集第七巻』吉川弘文館一九八九年、二二八～二五四頁

（注2）古田武彦『古代は輝いていたⅢ』朝日新聞社 一九八五年、六一～六三頁

『群書類従』に収録された古代逸年号に関する考察

満田正賢

七〇一年の「大宝」年号建元以前に存在した古代逸年号が、「皇代記」、「本朝皇胤紹運録」など近畿王朝の系図が掲載された文献の多くに「大化—白雉—（空白）—朱雀—白鳳—朱鳥—大化」と続く形で記されている。この年号系統の白鳳は天武期を白鳳年間とみなすものであるが、多くの寺社縁起には天武期を白鳳年間とみなした記述の方が、「常色—白雉—白鳳—朱雀—朱鳥—大化」と続く本来の古代逸年号（九州年号）の白鳳の記述より圧倒的に多く遺されている。

近畿王朝の系図が掲載された多くの文献には元史料が存在する可能性が高く、その元史料を仮に資料Xと名付けると、資料Xは『日本書紀』に附属していた「系図一巻」そのものであり、『日本書紀』はそこから大化、白雉、朱鳥のみを年号として記述した可能性もある。近畿王朝は『日本書紀』編纂の前に、天皇家の系図と即位年次を創作する必要があった。その為に天皇の即位にあわせて本来の九州年号を改竄したものが資料Xであると考えられる。従来の古代逸年号（九州年号）の研究は古代逸年号（九州年号）の真の姿をダイレクトに追求するものであったが、その手前で資料X系統の影響を排除しておかなければならないと考える。

そこで、そのような目的のもと、『群書類従』に収録された各種縁起と系図の中にある古代逸年号を分類し、その縁起、系図の性格を考察した。なお、今回の調査は『群書類従』・『続群書類従』に掲載された文献をすべて調査対象とした。『群書類従』には膨大な文献が収録されている為、調査から漏れた文献・記述がある可能性はあるが、恣意的な抽出をした調査の結果ではない。調査結果の分類については、本来の古代逸年号（九州年号）系統をA属、資料X系統をB属と表記し、A、Bどちらにも当てはまらないものをC属と表記した。

＊続○巻は『続群書類従』の巻を表す。

1．古代逸年号が記されている縁起、系図の『群書類従』からの抽出

（1）「太神宮諸雑事記」第一　巻三　B属

「孝徳天皇大化元年…」「天武天皇白鳳二年…白鳳四年…」とある。ここまでは代表的なB属である。しかしその後に「朱雀三年…」の記述が続き、その後に「持統女帝皇即位四年、同六年…」という記述が続く。B属の朱雀は天武白鳳の前の一年間である。「朱雀三年」はA属の記事とB属の記事が入り交じった可能性もあるが、後述する「本朝皇胤紹運録」に同様の「朱雀」年号が見えることから、「朱鳥三年」を「朱雀三年」に書き替えた可能性の方が高いと考える。

（2）「日吉社神道秘密記」　巻十八　C属

「第三十九代天智天皇御宇白鳳二年癸酉」、「第三十九代天智天皇白鳳中ヨリ」という記事がある。「天智天皇御宇白鳳二年」は明らかにA属であるが、癸酉は天武二年（六七三年）であり天智二年ではない。一方で「第四十代天武帝御宇白鳳十年」という記事もある。A属では白鳳十年は天智期なのでこの記事は、B属である。この「日吉社神道秘密記」は複数の元史料の寄せ集めであり、編集の際にA属とB属の混乱があったのではないかと考えられる。

（3）「二十二社註式」　巻二十二　B属

宇佐八幡宮「祈年人皇四十代天武天皇白鳳四年乙亥」とある。乙亥は天武四年に当たりB属である。その他に、大隅国正八幡宮「第四十代天武天皇白鳳二年」、高良「天武天皇白鳳二年」因幡国宇部宮「孝徳天皇大化四年」賀茂「天武天皇白鳳六年」日吉社「天武天皇即位白鳳元年」とある。すべてB属で統一的に記載されている。

（4）「竹生嶋縁起」　巻二十五　B属

「難波豊崎宮（孝徳）御宇白雉五年」とある。A属では白雉五年は斉明期にあたるので、B属である。

（5）「雲州樋河上天淵記」　巻二十八　A属

「第三十九代天智天皇白鳳八年」とある。白鳳八年はA属では天智期、B属では天武期であるので、この記述はA属と見做される。

（6）「皇代記」　巻三十一　B属

「皇代記」は、孝徳天皇の条に「大化五年、白雉五年」、天武天皇の条に「朱雀一年、白鳳十三年、朱鳥八年」、持統天皇の条に「大化四年」という対象年号の期間を記載する方法で記されている。なお、文武天皇の条には、「持統大化三年即位」という記述はあるが、対象年号としては「大宝三年、慶雲四年」とあるのみで「年号」としての「大化」は記されていない。「文武大化」を空白とした可能性もあるが、「皇代記」においては天皇条に記す年号の重複を避けた可能性もある。

（7）「皇年代略記」　巻三十二　B属

孝徳天皇の条に「大化五、白雉五」、天武天皇の条に「朱雀元、白鳳十三、朱鳥元」、持統天皇の条に「朱鳥七、大化三」とあり、朱鳥を天武と持統で重複させている。なお、文武天皇の条に記載は「皇代記」と同様に「持統大化三年即位」という記述はあるが、対象年号としては「大宝三年、慶雲四年」とあるのみである。「皇年代略記」においては「文武大化」を空白とした可能性が高い。

(8)「尾張国熱田太神宮縁起」　巻三十四　不明

「天渟中原瀛真人（天武）天皇朱鳥元年丙戌」とある。丙戌は天武十五年（六八六年）であり、A、B共通の年次である。

(9)「本朝皇胤紹運録」　巻六十　B属

・「孝徳天皇大化元年六月十一日受禅、白雉五年十月十日崩」
・「天智天皇孝徳大化元年六月立太子」
・「天武天皇白鳳二年正月廿六日即位、朱鳥元年丙戌九月九日崩」
・「大津皇子朱鳥元年被誅」
・「文武天皇白鳳十二癸未降誕、大化三（月）二（日）立太子、同八（月）一（日）即位、慶雲四（年）六（月）十五（日）崩」
・「元正天皇白鳳十辛巳（＊天武一〇年：六八一年）降誕」
・「持統天皇朱雀五（年）正（月）一（日）即位、大化三年丁酉八（月）禅位、大宝二（年）十二（月）二（日）崩」

「本朝皇胤紹運録」は「皇代記」、「皇年代略記」と異なり、対象年号の期間の記述はない。全体的にはB属で記載されている。「持統天皇朱雀五（年）」はA属の朱雀の年次にはなく、B属の「朱鳥」が「朱雀」に書き替えられたものと考えざるを得ない。この用例は「白鳳」「朱雀」が「白雉」「朱鳥」を書き替えたものとする坂本太郎氏の解釈の根拠になっている。

(10)「上宮聖徳法王帝説」　巻六十四　C属

「法興元世一年歳次辛巳十二月鬼前大后崩」という記述がある。「法興元世」が年号ならば、A属にもB属にも属さない別の年号といえる。なお、「辛巳」は六一一年（推古一九年）にあたる。

(11)「家伝上（鎌足伝）」　巻六十四　B属

「以中大兄為皇太子改元為大化」「白鳳五年秋八月」という記述がある。「白鳳五年」の記事のあとで筑紫への移動、白村江の戦いの記述があるので、この「白鳳」はA属でもB属でもない。この「白鳳」は明らかに「白雉」の書き替えであると思われる。これも「白鳳」「朱雀」が「白雉」「朱鳥」を書き替えたものとする坂本太郎氏の解釈の根拠になっている。

(12)「如是院年代記」　巻四百六十　A属

・第二十七代継体

「壬寅十六善記元」或曰、継体天皇自十六年始年号在之。云分者朱ニテ書之年数相違之処在之不信。

「丙午二十正和元」「辛亥廿五教到元。始作暦」

・「丙辰第三十代宣化僧聴元」

・第三十代欽明「辛酉二明要元」「壬申十三貴楽元」「甲戌十五法清元」「戊寅十九兄弟元」「己卯二十蔵知元」「甲申廿五師安元」「乙酉廿六知僧元」「庚寅卅一金光元」

・第三十一代敏達「丙申五賢称元」「辛丑十鏡常元」「乙巳十四勝照元」

・第三十三代崇峻「己酉二端政元」

・第三十四代推古「甲寅二吉貴元」「辛酉九願轉元」「乙丑十三光充」「辛未十九定居元」「戊寅廿六和景縄元」

・第三十五代舒明「己丑聖徳元」「乙未七僧要元」「庚子十二命長元」

・第三十七代孝徳「丁未三常色元」「甲戌六白雉元」

・第三十八代斉明「辛酉七白鳳元」

・第四十代天武「即位之年壬申改元朱雀」「癸酉二改元白鳳」「甲申十三、十二年朱雀元」「丙戌十五大化元。和州献赤雀因茲改朱鳥」

・第四十一代持統「壬辰六大長元」

・第四十二代文武「辛丑大宝元」「甲辰慶雲元」

「如是院年代記」についてはすでに多くの研究がなされているので、全容についてはここでは触れない。A属の基本となる文献である。但し、天武期にB属の上書きによると見られる混乱がある。

＊本件については、丸山晋司氏が『古代逸年号の謎』において、「『続群書類従』本に見られる『壬申朱雀・癸酉白鳳・丙戌朱鳥』は後代の加筆」であると考察している。

(13)「造伊勢二所太神宮寶基本記」　続巻三　A属

「天武天皇朱雀三年乙酉」とある。「乙酉」は六八五年（天武十四年）にあたりB属ではない。『二中歴』では六八五年は朱雀二年にあたり一年の差はあるが、A属の記載であると考えられる。

(14)「二所大神宮麗気記」　続巻五十九　不明

「以去白鳳年」とあるが、前後に年次を示す記述がなく、A、Bどちらとも言えない。

(15)「大和葛城寶山記」　続巻六十五　A属

「金剛山縁起云、私記、白鳳四十年辛卯」とある。「辛卯」は六九一年（持統三年）である。計算すると白鳳元年は六五二年となりA属の白雉元年（B属では白雉三年）にあたる。「白雉」を「白鳳」とした書き替えがあったものと考えられる。A属の白雉元年の干支が手元にあり、それ以降の年号の情報が無かったためにこのような記述になったのではなかろうか。

(16)「近江国別浦八幡縁起」　続巻七十四　B属

「人皇四十代天武天皇白鳳四年乙亥」とある。「乙亥」は六七五年（天武四年）にあたり、B属である。

(17)「伊予三島縁起」　続巻七十六　A属

・「端政二暦庚戌、自天雨降給」＊「端正二年庚戌」は『二中歴』端政二年（五九〇）の干支と一致。

・「金光三暦壬辰」＊「壬辰」は五七二年で、『二中歴』金光三年（五七二）と一致。

・「卅三代崇峻天王位。此代従百済国仏舎利渡。此代端政元暦…」＊『二中歴』端政元暦五八九年は崇峻期に「崇峻天王位」の表現と合致。

・「轉願元年辛丑」＊「辛丑」は五八一年。『二中歴』願轉元年は六〇一年であり五八一年は鏡当元年にあたる。

・「卅七代孝徳天王位、番匠初。常色二戊申」＊「戊申」は六四八年（孝徳大化四年）で、『二中歴』常色二年（六四八）と一致。

・「卅九代天智天王位、自是藤原氏初同大政大臣冠。同白鳳元年辛酉」＊辛酉は六六一年（斉明七年）で、『二中歴』白鳳元年（六六一）と一致。

・「四十二代文武天皇位大宝元年辛丑」＊「辛丑」は七〇一年（大宝元年）。

・「自端政二年永和四年以七百十九年也。自大宝元年至永和四年六百七十八年」

＊永和四年（北朝）は一三七八年であり、大宝元年（七〇一）から六百七十八年後で正しい。その計算でいくと端政二年は六六〇年となる。『二中歴』端政二年は五九〇年であり七十年合わない。他の「端正」記事の年次が『二中歴』と合致していることから、「七百十九年也」という文面自体が誤っている（実際には七百八十九年と記載されていた）可能性がある。

・系図三嶋大明神「天武天王御宇天長九年壬子」＊壬子は七一二年（元明和銅五年）

伊予三島縁起は後述する善光寺縁起と共に、純粋なA属で記された縁起と言える。但し「轉願元年辛丑」のように不正確な記述も見られる。

(18)「日本皇帝系図」続巻百七　B属

・「孝徳　諱　軽　天萬豊日　治十　大化五　白雉三」

・「持統　高天原廣野姫　諱　菟野女帝　治十　朱鳥十」

・「天武　諱　大海人　天渟中原瀛真人　治十五　朱雀元　元季壬申　白鳳十三　元年壬申」

・「文武　諱　軽　天之真宗豊祖父　治十一　大化四　大宝三　慶雲四」

「日本皇帝系図」も代表的なB属であるが、文武期に大化が四年続いたと明記しているところに特色が見られる。

(19)「善光寺縁起」　続巻八百十四　A属

・「貴楽元年壬申、三十代欽明天皇治天下十三年」＊壬申は五五二年で『二中歴』貴楽元年（五五一）とは一年の差がある。

・「仍午號之師安元年」

・「故有改元號知僧元年」

・「依之又有改元名金光元年…金光元年庚寅」＊庚寅は五七〇年で『二中歴』金光元年（五七〇）と一致。

・「推古天皇御宇告貴七年庚申」＊庚申は六〇〇年であり、告貴元年は五九四年となる。『二中歴』告貴元年（五九四）と一致。

・「推古天皇御宇願轉二年壬戌」＊壬戌は六〇二年であり、願轉元年は六〇一年となる。『二中歴』願轉元年（六〇一）と一致。

「善光寺縁起」は、ほぼ『二中歴』の年次と同じ九州年号を用いた、典型的なA属と言える。

(20)「興福寺略年代記」　続巻八百五十七　B属

・孝徳天皇「年号初大化元年鎌足斬入鹿。白雉元年長門穴戸ヨリ献白雉。元年大化元年始置左大臣」

「六年為白雉元年…。白雉三年…白雉四年」

・天武天皇「元年朱雀元年。二年白鳳元年」「十五年朱鳥元年」

・文武天皇「改元辛丑大宝元年」

典型的なB属である。

2. 各種縁起、系図に記された古代逸年号に関する考察

（1）古代逸年号の記載方法による分類

各種縁起・系図は古代逸年号の記載方法によって以下の五パターンに分類できる。

①A属に分類されるもの

・「雲州樋河上天淵記」・「如是院年代記」・「造伊勢二所太神宮寶基本記」・「大和葛城寶山記」・「伊予三島縁起」

・「善光寺縁起」

②B属に分類されるもの

・「二十二社註式」・「竹生嶋縁起」・「皇代記」・「皇年代略記」・「近江国別浦八幡縁起」・「日本皇帝系図」

・「興福寺略年代記」

③B属と考えられるが、年号の書き替えによって混乱が生じているもの

・「太神宮諸雑事記第一」・「本朝後胤招運録」・「家伝上（鎌足伝）」

④A属とB属の両方が入り交じり混乱を生じているもの

・「日吉社神道秘密記」・（＊「如是院年代記」）

⑤独自の年号を用いているもの

・「上宮聖徳法王帝説」

（2）考察

①『群書類従』に載った各種縁起、系図の中にある古代逸年号を包括的に考察することによって、本来の古代逸年号（九州年号）系統と資料X系統の二つの異なった「干支・年号対比表」が存在し、現在残されている各種の縁起に出現する古代逸年号がこの二系列のどちらかの対比表を用いて記されているという推定が証明出来ると考える。

②縁起、系図に現れる古代逸年号の解明にあたって、二系統の基準と比較してそれに合致しない記述の理由を探るという手法が有効性をもつと考える。例えば、「日吉社神道秘密記」の年号の記述に対しては「A属とB属の両方が入り交じり混乱を生じているもの」という解釈が可能になる。又、「如是院年代記」の天武期の年号の記述に対しては「天武期の年号の記述にB属の上書きによると見られる混乱がある」という解釈が可能になる。

③B属では「太神宮諸雑事記第一」と「本朝後胤招運録」で「朱鳥」と書くべきところを「朱雀」とした年号の書き替えが見られ、「家伝上（鎌足伝）」では「白雉」と書くべきところを「白鳳」とした年号の書き替えが見られる。（＊A属においても「大和葛城寶山記」で「白雉」と「白鳳」の書き替えが見られる。）これらは『日本書紀』にない「朱雀」「白鳳」年号が『日本書紀』にある「朱鳥」「白雉」年号の書き替え、意図的な修正であるとする坂本太郎氏の解釈の根拠となっている。しかし、この年号の書き替え、意図的な修正は一部の縁起・系図に見られる現象である。「朱鳥」と書くべきところを「朱雀」とした「太神宮諸雑事記第一」には、『日本書紀』にはない「天武天皇白鳳」という記述が見られる。同じく「朱鳥」と書くべきところを「朱雀」とした「本朝後胤招運録」には、「孝徳白雉」と「天武白鳳」が並立して記載されている。諸縁起・系図の全体像を眺めれば「朱雀」「白鳳」年号の存在を消し去ることが出来ないことは明白であると考える。

倭国律令以前の税体制の一考察

服部静尚

はじめに

武井紀子氏(注1)によると、(唐制では各地の税物を中央で予算編成に基づいて振り分け配分するが、これとは異なり、)我国の養老律令では調・庸を主な国政財源とし、一方地方財政は田租と出挙を財源とするのが実態とされる。

令制以前には、農耕儀礼(神への初穂貢納儀礼)を取り仕切る在地首長(私は彼らを各地の王と考え、論をすすめる)への貢納があって、彼らが主導する共同体内の再生産機能(春に種子下行・夏の労働力に対する魚酒提供というような農業慣行)があった。これを踏襲して前者が令の田租となり、後者の出挙と併せて地方財源となったとされる。

そうであれば、当然各地にこの財を蓄える倉庫があったはずである。

これを多元史観的に見ると、各地の王は領民の貢納を受け、出挙を行い、自らの財源とした。七世紀に入って九州王朝は彼等の領地を奪い律令制を導入した。その際彼等の倉庫(これが屯倉)およびその蓄えを名目上国庫としたが、実体としてのシステムは以前通りとして残したということになる。

だから律令には地方財政の規定がないのだと私は考えた。これを論証するにあたり、先ず『日本書紀』における官家、屯倉の出現事例すべてについて検討した上で、次の点を考察することによってこれを検証する。

（1）倭語ミヤケとは何か。
（2）『日本書紀』ではミヤケに漢字、屯倉・官家を当てるがその理由は何か。
（3）通説では、屯倉・官家を朝廷の直轄地とするが、これは正しいのか。
（4）朝廷の直轄地でなければ何か、屯倉は令制以前の各地の王の私有倉庫だったのか。

一、『日本書紀』の中の「官家」

岩波文庫『日本書紀』[注2]では、

「屯倉・官家―ミヤケの語義は御宅、すなわち屋舎・倉庫に対する敬称であるから、例えば郡家や正倉あるいは私的な荘園の施設なども一般にミヤケと呼ばれることがあった。しかし、書紀に屯倉とあるものは国家制度としてのミヤケで、大化前代における朝廷直轄の農業経営地あるいは直轄領ともいうべきものである。」とする。『書紀』に限定すればミヤケは朝廷直轄地と言うのである。そこで先ず『日本書紀』での官家の出現記事を検証する。

◆神功紀摂政前紀
「定内官家屯倉。是所謂之三韓也。」

―三韓（新羅・百済・任那）に内官家・屯倉を定めると、併記しているので官家と屯倉は異なるものである。

「（新羅王の言葉）臣自今以後、於日本國所居神御子、爲内官家、無絶朝貢。」

―日本国（倭国）の内官家と為すとは、文脈より倭国の冊封下に入るということであろう。又「家」とあるので、官家は冊封関係を維持する①役所であって、転じて②冊封国そのものを指すと考えられる。

◆雄略紀二〇年

「（高麗王の言葉）寡人聞、百濟國者爲日本國之官家」百済は日本国（倭国）が冊封する国。

—右の②に同じ。

◆継体紀六年

「（百済が任那四県譲渡を願ってきたが）夫住吉大神、初以海表金銀之國高麗・百濟・新羅・任那等、授記胎中譽田天皇。故、大后息長足姫尊與大臣武内宿禰、毎國初置官家爲海表之蕃屏、〜自胎中之帝置官家之國、輕隨蕃乞、輙爾賜乎。」

—国ごとに初めて置いたこの官家は海外蕃敵の防壁であると言う。それを蕃国が乞うままに簡単に与えてはならないと言う。つまりこの官家は②に同じ。

◆継体紀二十三年

「（百済王に加羅の多沙津を与えようとした時に、加羅王が反対して）此津、從置官家以來、爲臣朝貢津渉。安得輙改賜隣國。違元所封限地。」

—（継体七年に百済に帯沙を与えたと言う記事があるので、）百済が海路・港まで要求したのだろう。加羅王は当初封じられた境界と違うと抗議する。ここは①に同じ。

「新羅、恐破蕃國官家」

—蕃国の官家とは加羅国のこと、②に同じ。

「夫海表諸蕃、自胎中天皇置内官家、不棄本土、因封其地、良有以也。」

—（応神天皇が諸蕃に内官家を置いて以降、本土を排除せずその地を封じて来た。これは良いことだったと言う。）領地をそのまま安堵したと言う、これは冊封体制だ。当然朝廷の直轄地では無い。置くだから①に同じ。

◆宣化紀元年

「修造官家那津之口」

―凶年の際の対応・海外賓客のもてなしを官家で行うのだから、倉庫を付帯する①に同じ役所と見るのが妥当。

◆欽明紀五、十一、十五、二十三年

「遂使海西諸國官家不得長奉天皇之闕」

―海西の諸国の官家、この官家も領地では無く②に同じ。

「若欲國家無事・長作官家・永奉天皇」

―この官家は①および②。

「況復謀滅百濟官家、必招後患」

―百済官家、つまり①および②で、これを滅ぼせば倭国の反発を招くと言う。

「廿三年春正月、新羅打滅任那官家」「破我官家」

―任那官家、この官家は②つまり冊封国である任那を新羅が滅ぼした。

尚、欽明六年九月是月条百済の使者の言葉として「天皇所用彌移居國（天皇がしらしめすミヤケの国）」。欽明十四年八月条同じく百済の上表文に「奏海表諸彌移居之事（海表の諸々のミヤケの事を奏上する）。（中略）以固海表彌移居也（以て海表のミヤケを固める）。」欽明十五年十二月条同じく百済の上表文に「（新羅は）與狛同心、欲殘滅海北彌移居（高句麗と共謀して海北のミヤケを残滅せんと欲する）。」とあるので、官家を朝鮮半島でミヤケと読んでいたと考えられる。

◆敏達紀十二年

「屬我先考天皇之世、新羅滅内官家之國。天國排開廣庭天皇廿三年、任那爲新羅所滅、故云新羅滅我内官家也。」

―右の欽明紀の記事を言う。②つまり倭国の冊封国であった任那を新羅が滅ぼした。

◆崇峻紀四年

「可建任那官家」

―この任那官家は再建とあるので①および②の意。

◆推古紀三十一年

「任那是元我内官家。」「任那小國、天皇附庸。何新羅輙有之。隨常、定内官家。願無煩矣。」

―任那は元々我国の内官家つまり②冊封国であって新羅が容易に領有することはできない。今まで通り内官家に定めて心配不要と言う。

◆孝徳紀大化元年

「始我遠皇祖之世、以百濟國爲内官家」

―この内官家は②、我が皇祖の世に百済国は倭国が冊封する国であった。

「若有求名之人、元非國造・伴造・縣稲置而輙詐訴言、自我祖時領此官家治是郡縣、汝等國司不得隨詐便牒於朝、審得実状而後可申。」（元よりの国造・伴造・県稲置でない者がいつわって、祖先の時よりこの官家を領してこの郡県を治めていたと言っても、汝ら国司は虚言をそのまま報告してはならない。実状を調べた後に報告せよ。）

―この「領」を岩波（前掲注2）も小学館も[注3]「あづかり」と読ませる。しかし、仁藤敦史氏[注4]はこの記事を「国造だけではなく制度的に異なる伴造（部民制）・県稲置（屯倉・県制）が歴史的に官家（貢納奉仕の拠点）を領したと認識され、（中略）しかし官衙施設としての評衙の成立は遅れ、まだ豪族の私宅と官衙の区別は明瞭でなかった。」と評価する。仁藤氏の傍線見解は肯ける。この領は、次に続く「郡県を治める」からしても「支配する」であろう。どちらにしてもこの官家は①の意。

以上、『日本書紀』で「官家」とあるのは、①役所であって、そこには三韓を冊封するその冊封を維持するための役所も含み、これが転じて②冊封国そのものを指す。

二、『日本書紀』の中の「屯倉」

次に屯倉について、『日本書紀』での全出現記事を検証する。

◆垂仁紀二十七年

「是歳、興屯倉于來目邑。屯倉、此云彌夜氣。」（来目邑に屯倉を興す。屯倉をミヤケと言う。）

―邑を屯倉とするでは無く、邑に屯倉を興すとあるので、屯倉は領地ではない。③倉庫であろう。

尚、この万葉仮名「弥夜気」は先の「弥移居」と同じ発音である。

◆景行紀五十七年

「冬十月、令諸國興田部屯倉。」（諸国に田部と屯倉を興す。）

―田部（農民）と屯倉を併記しているので両者は別のものであろう、この屯倉も③倉庫ととれる。

◆仲哀紀二年

「定淡路屯倉」（淡路の屯倉を定める。）

―これだけでは他にも可能性があるが、右と同じく③倉庫と考えて問題ない。

◆仁徳紀即位前紀

「是時、額田大中彦皇子、將掌倭屯田及屯倉　而謂其屯田司出雲臣之祖淤宇宿禰曰　是屯田者、自本山守地、是以、今吾將治矣。爾之不可掌。」（額田大中彦皇子は倭屯田及び屯倉を掌握しようとして、屯田司出雲臣が祖の淤宇宿禰に言った「この屯田は、元より山守（額田大中彦皇子の同母弟大山守皇子）の地である。これをもって今から私が治める。お前は管轄するな。」）

―屯田と屯倉を並記するので両者は別のもの。少なくともこの屯倉の中に屯田は含まれていない。岩波の「書紀に屯倉とあるものは朝廷直轄の農業経営地あるいは直轄領」は間違い。

◆仁徳紀十三、四十三年

「始立茨田屯倉、因定春米部。」（始めてマッタの屯倉を立て、よって春米部を定める。）

―屯倉に④春米部が付帯しているととれる。

「依網屯倉阿弭古、捕異鳥」（ヨサミの屯倉のアビコが異鳥を捕えた。）

―この屯倉には（その管理者であろうか）④人が付帯している。

◆履中紀即位前紀、元年

「於是、喚弟王以敦寵、仍賜村合屯倉。」（弟王を召して大層かわいがり村合の屯倉を与えた。）

―ここも屯倉を（④管理する人を含んでの）倉庫と考えて問題はない。

「亦、免從濱子野嶋海人等之罪、役於倭蔣代屯倉。」（濱子に従った野嶋のアマらの罪を免じ、倭のコモシロの屯倉において使役した。）

―右に同じ。

◆清寧紀二年

「於赤石郡縮見屯倉首忍海部造細目新室、見市邊押磐皇子々億計・弘計」（縮見屯倉の首である忍海部造細目の新しい家で、市邊押磐皇子の子である億計・弘計を見つけだした。）

―この首は屯倉の管理者であろう。ここも④人を含んでの倉庫と見て問題ない。

◆顕宗紀即位前紀

「就仕於縮見屯倉首。縮見屯倉首、忍海部造細目也。」

―右に同じ。

「適會縮見屯倉首、縱賞新室、以夜繼晝。」（たまたま縮見屯倉首の新築祝いで昼夜続く宴に来合わせて）

―右に同じ。

「屯倉首、命居竈傍、左右秉燭。夜深酒酣、次第儛訖、屯倉首語小楯曰」（屯倉首は命じて竈の傍に居て左右の灯を点らせた。夜が更け酒宴たけなわで舞も終えて、屯倉首は小楯に語った。）

―右に同じ。

◆継体紀八、二十二年

「宜賜匝布屯倉表妃名於萬代。」（サホの屯倉を太子の妃に与えて妃の名を万代に伝えよ。）

―ここは③倉庫と見て問題はない。

「筑紫君葛子、恐坐父誅、獻糟屋屯倉、求贖死罪。」（葛子は父の罪に連座して誅殺されるのを恐れ、糟屋の屯倉を献上し死罪免除を求めた。）

―ここも③倉庫と見て問題はない。又、通説は献上して屯倉となったと強弁するだろうが、元々屯倉があってこれを献上したと読み取るのが妥当であろう。

◆安閑紀元、二年

「謹専爲皇后獻伊甚屯倉、請贖闌入之罪。因定伊甚屯倉、今分爲郡、屬上總國。」（膳臣大麻呂は春日皇后に伊甚屯倉を献上して伊甚国造が乱入した罪のあがないとした。よって伊甚屯倉を定めた。今、分かれて郡となり上総国に属する。）

—ここの屯倉は領地ともとれるが、ここも元々屯倉があってこれを献上したととれる。そうであれば③倉庫および、転じて⑤その倉庫に収納される穀の収穫地をも含んだのであろう。

「皇后、雖體同天子而内外之名殊隔。亦可以充屯倉之地、式樹椒庭、後代遺迹。」

—屯倉之地とあるので右に同じ。

「請爲皇后次妃建立屯倉之地、使留後代令顯前迹。」

—右に同じ。

「宜以小墾田屯倉與毎國田部給貺紗手媛、以櫻井屯倉一本云「加貺茅渟山屯倉也。」與毎國田部給賜香々有媛、以難波屯倉與毎郡钁丁給貺宅媛。」

—例えば紗手媛に小墾田の屯倉と国ごとの田部（農民）を賜うとあるので、各地から田部を集め与えたとなる。そうであればこの屯倉は⑤倉庫に加えてその倉庫に収納される穀の収穫地となる。

「蓋三嶋竹村屯倉者、以河内縣部曲爲田部之元於是乎起。」（思うに三嶋竹村の屯倉は河内県の部曲を田部とするのはここに始まったのであろう。）

—右に同じくこの屯倉は⑤を指す。

「事至発覚、枳莒喩以女幡媛獻采女丁是春日部采女也、幷獻安藝國過戸廬城部屯倉、以贖女罪。」（イホキベ連キコユは併せて安芸国アマルベイホキベの屯倉を献じて女の罪を贖った。）

—この屯倉は献じる前は、朝廷の直轄地ではなくて当然キコユの所有である。③又は④⑤の可能性がある。

「謹爲國家奉置横渟・橘花・多氷・倉樔四處屯倉。」

—ここも③又は④⑤の可能性がある。

「置筑紫穂波屯倉・鎌屯倉・豊國滕碕屯倉・桑原屯倉・肝等屯倉取音讀・大抜屯倉・我鹿屯倉我鹿、此云阿柯・火國春日部屯倉・播磨國越部屯倉・牛鹿屯倉・備後國後城屯倉・多禰屯倉・來履屯倉・葉稚屯倉・河音屯倉・婀娜國膽殖屯倉・膽年部屯倉・阿波國春日部屯倉・紀國經湍屯倉經湍、此云俯世・河邊屯倉・丹波國蘇斯岐屯倉皆取音・近江國葦浦屯倉・尾張國間敷屯倉・入鹿屯倉・上毛野國緑野屯倉・駿河國稚贄屯倉。」

—これらも③又は④⑤の可能性がある。

「詔櫻井田部連・縣犬養連・難波吉士等、主掌屯倉之税」

—倉に収納された田租の運営を掌る。屯倉は③倉。

◆宣化紀元年五月条

詔曰「食者天下之本也。黄金萬貫不可療飢、白玉千箱何能救冷。夫筑紫國者、遐邇之所朝届、去來之所關門、是以、海表之國、候海水以來賓、望天雲而奉貢。自胎中之帝洎于朕身、收藏穀稼、蓄積儲粮、遙設凶年、厚饗良客。安國之方、更無過此。故、朕遣阿蘇仍君未詳也、加運河內國茨田郡屯倉之穀。蘇我大臣稲目宿禰、宜遣尾張連、運尾張國屯倉之穀。物部大連麁鹿火、宜遣新家連、運新家屯倉之穀。阿倍臣、宜遣伊賀臣、運伊賀國屯倉之穀。修造官家那津之口。又其筑紫肥豐三國屯倉、散在懸隔、運輸遙阻。儻如須要、難以備卒（もし必要となった時に緊急対応できない）。亦宜課諸郡分移聚建那津之口、以備非常、永爲民命。早下郡縣、令知朕心。」

—この詔では「筑紫国の重要性を説き、応神天皇の時代よりここに収穫した穀物を所蔵して、凶年に備え、海外賓客のもてなしに用いてきたと述べ、その上で各地の屯倉の穀を運ばせ、これを那津之口の官家に収蔵」させる。ここでは、各屯倉と那津之口の官家を明確に区別しての記述である。屯倉之穀とあって、各地の③貯蔵倉庫であって、これに対して官家は一項の通り倉庫を付帯する役所だ。

昔から筑紫は重要な場所であり、しかも筑紫・肥・豊の屯倉からは那津之口は離れていて緊急対応できないと、言訳がここにある。徴収される側では、筑紫・肥・豊は免除して、なぜ遠く離れた筑紫に運ばねばならないかと反発があったからであろう。とすれば、各地屯倉の元々の所有者は朝廷ではなかったとも考えられる。

◆欽明紀十六、十七年

「遣蘇我大臣稲目宿禰・穂積磐弓臣等、使于吉備五郡、置白猪屯倉。」（蘇我稲目・穂積磐弓を遣わして吉備の五郡に白猪屯倉を置く。）

―③又は④⑤の可能性がある。

「遣蘇我大臣稲目宿禰等於備前兒嶋郡、置屯倉。以葛城山田直瑞子、爲田令。田令、此云陀豆歌毗。冬十月、遣蘇我大臣稲目宿禰等於倭國高市郡、置韓人大身狹屯倉言韓人者百濟也・高麗人小身狹屯倉。紀國置海部屯倉。一本云『以處々韓人爲大身狹屯倉田部、高麗人爲小身狹屯倉田部。是卽以韓人・高麗人爲田部、故因爲屯倉之號也。』」（稲目等を遣わして備前児島郡に屯倉を置く。～倭国高市郡に人韓大身狭屯倉・高麗人小身狭屯倉、紀国に海部屯倉を置く。）

―これらも③又は④⑤の可能性がある。

◆敏達紀三、四、十二年

「遣蘇我馬子大臣於吉備國、增益白猪屯倉與田部。」（白猪屯倉を増やさせた。）

―ここも③又は④の可能性がある。

「馬子宿禰大臣還于京師、復命屯倉之事。」

―ここは右の報告である。同じく③又は④の可能性がある。

「日羅等、行到吉備兒嶋屯倉。」

―ここも③又は④⑤の可能性がある。

◆推古紀十五年

「於倭國作高市池・藤原池・肩岡池・菅原池、山背國掘大溝於栗隈、且河內國作戸苅池・依網池、亦每國置屯倉。」

―ここも③又は④⑤の可能性がある。

◆皇極紀元、二年

「於河內國依網屯倉前、召翹岐等、令觀射獵。」

―屯倉の前で猟を見たとあるので、この屯倉は③。

「三輪文屋君、進而勸曰、請、移向於深草屯倉、從茲乘馬、詣東國、以乳部爲本、興師還戰、其勝必矣。」

―ここも③又は④⑤の可能性がある。

◆孝徳紀大化二年、

「(改新詔)其一曰、罷昔在天皇等所立子代之民・處々屯倉・及別臣連伴造國造村首所有部曲之民・處々田莊。」

―昔の天皇の屯倉はやめる。一方、臣連伴造国造村首が所有する田荘はやめるが、倉庫はやめるとはしていない。彼らの倉庫がなかったとは考えにくいので、豪族の倉庫は続けさせるということだ。

「或本云、壊難波狹屋部邑子代屯倉而起行宮。」

―右で廃止する子代之民と別に子代屯倉としているので、しかも壊すとするので③倉庫、少なくとも建物である。

「(皇太子奏請)其群臣連及伴造國造所有・昔在天皇日所置子代入部・皇子等私有御名入部・皇祖大兄御名入部謂彦人大兄也及其屯倉、猶如古代而置以不。」「自餘以外、恐私駈役。故、獻入部五百廿四口・屯倉一百八十一所。」

―ここまでに現れた名称のある屯倉六十カ所程度に対し、この百八十一カ所と三倍近い。この中にはそれまで朝廷が管轄していなかった屯倉が含まれている可能性がある。

以上、『日本書紀』で屯倉とあるのは、垂仁紀以降仁徳紀までは③倉庫の意。仁徳紀以降は④倉庫に付帯する人を含み、安閑紀以降は⑤倉庫および付帯する人、転じてその倉庫に収納される穀の収穫地をも含んでこれを指す。

継体紀の糟屋屯倉、安閑紀の安芸国過戸廬城部屯倉など、『書紀』の記述では（朝廷に）献ずる前から屯倉である。

三、まとめ

（1）倭語ミヤケの意は何か。

吉田孝氏(注5)は、ミヤケは建物を表わす「ヤ」場所を表わす「ケ（カ）」に接頭語「ミ」がついて出来上がったもので、その本来的な景観は、周囲に垣・門をもった中に多くの建物を含む一つの独立した区画であって、そこに例えば農業経営の拠点というような機能を有すとする。

私見では「○○宮」「ミヤコ」に共通するミヤにケがついた可能性を捨てきれないが、そうであってもミヤケの景観は吉田氏の説に従う。

（2）『日本書紀』ではミヤケに漢字「屯倉」・「官家」を当てるがその理由は何か。

「屯倉（弥夜気）」・「官家（弥移居）」ともにミヤケと読むことに異論はない。同じ倭語に『日本書紀』はなぜ異なる漢字を当てたのか。宣化紀元年五月条で「屯倉」と「官家」の使い分けをしていることから、明らかに（発音は同じだが）異なる意を持つ。「官家」の字義は簡単で、（1）のミヤケの景観を持つ役所であろう。一方、諸橋の大漢和辞典(注6)によると、「屯の一番目の意は、たむろする。」「屯は一と屮の合字、一は大地、屮は草木のめばえるさま。」「屯田とは漢の武帝の時に、辺境に事多く、しばしば兵を動かし、運糧の費が多かったので、趙充国の建議により、兵を国境の要地に屯在させ、開墾に従事させたのに始まる。」「屯田（正字通）田、漢晋率兵屯、領以帥、唐率民屯、領以官」とある。これらより「屯倉」の語義を想定すると次が考えられる。

（a）倉庫群、（b）漢および晋の時代の屯田の語義より、辺境に置いた穀物倉庫で、軍（各地の王の兵）が管理するもの、（c）唐の時代の屯田の語義より、民の穀物で、これを官が管理するもの

二項の末尾に述べたように、時代によって語義が（a）（b）↓（c）と変化したのであろう。

（3）通説では、屯倉・官家を朝廷の直轄地とするが、これは正しいのか。

一、二項で『日本書紀』の全例を検証した通り、岩波が言う「書紀に屯倉とあるものは国家制度としてのミヤケで、大化前代における朝廷直轄の農業経営地あるいは直轄領ともいうべきものである。」は当らない。にもかかわらず、なぜ岩波は強弁するのだろうか。宣化紀の穀移送記事での筑紫・肥・豊の優遇は、畿内を含めた他地域より北九州を上位とする。なぜ上位なのか、一元史観では説明できないからであろう。

（4）朝廷の直轄地でなければ何か、「屯倉」は令制以前の各地の王（地方豪族）の私有倉庫だったのか。

冒頭で述べたように、令制以前に、農耕儀礼（神への初穂貢納儀礼）を取り仕切る各地の王への貢納があって、彼らが主導する共同体内の再生産機能（春に種子下行・夏の労働力に対する魚酒提供というような農業慣行）があったとされる。そうであれば、当然各地の王が所有する倉庫があったことは自明である。

継体紀での「糟屋屯倉の献上記事」は、元々（※筑紫の君所有の）屯倉があってこれを献上した。安閑紀での「伊甚屯倉の献上記事」、これも元々（伊甚国造が所有する）屯倉があってこれを献上したとみるべきで、これらは各地の王もしくは在地首長の所有する倉庫だったのだ。（※筑紫の君は地方豪族では無く九州王朝の天子であるという立場であるが、ここでは便宜上こうしておく。）

（5）各地の王（地方豪族あるいは地域首長）は領民の貢納（原田租）を受け、これを屯倉に貯蔵して、これを原資に出挙を行い、自らの財源としていた。七世紀に入って九州王朝は彼等の領地を奪い律令制を導入した。その際、彼等

の屯倉およびその蓄えを名目上国庫としたが、実体としてのシステムは以前通りとして残したのだ。律令でも規定しない。ある程度の彼らの地方自治を認めたのである。

【注】

（注1）武井紀子「律令財政と貢納制」大津透他編『岩波講座日本歴史第3巻（古代3）』岩波書店二〇一四年

（注2）『日本書紀（一）〜（五）』岩波文庫二〇〇六年坂本太郎他校注

（注3）『新編日本古典文学全集2　日本書紀』小学館二〇〇六年小島憲之・直木孝次郎他校注・訳

（注4）仁藤敦史『古代王権と支配構造』吉川弘文館二〇一二年

（注5）吉田孝『律令国家と古代の社会』岩波書店一九八三年

（注6）諸橋轍次『大漢和辞典』大修館書店一九九〇年、そして字義について茂山憲史氏にアドバイスをいただいた。

多利思北孤の「東方遷居」

正木　裕

一、「聖徳太子」のモデルは『隋書』の阿毎多利思北孤

一般に「聖徳太子」とは、推古女帝から「万機を委ねられた（国政を任された）厩戸皇子」だとする。しかし、『隋書』は、当時の我が国の執政者「俀（倭）王」は、「阿蘇山」のある九州の天子「阿毎多利思北孤」だと記す。

また、「聖徳太子」とされる、法隆寺釈迦如来像光背銘に記す「上宮法皇」と「厩戸皇子」では、没年も、母后の名も違う。[注1]そして『光背銘』に見える「法興」年号は『書紀』には見えず、『隋書』で多利思北孤の国書にある「仏法を興す」の要約を示す年号だ。

さらに、『聖徳太子伝記』に記す太子の即位年（国政を執行した年）は、「政治の端緒（始め）」を意味する九州年号「端政《たんじょう》元年（五八九）」で、『書紀』の厩戸皇子の執政年の五九三年と異なる。そして、「太子の即位年が九州年号の意味と一致する」だけでなく、太子の生涯は「金光・勝照・端政・願轉」などの「九州年号」で記されている。[注2]

こうしたことから「聖徳太子」のモデルは「ヤマトの厩戸皇子」ではなく、『隋書』の多利思北孤だと考えられる。

そこで問われるのは、聖徳太子のモデルが九州の多利思北孤だとするなら、「聖徳太子の創建」とされる法隆寺・四天王寺などの大寺院が、何故難波・河内・斑鳩といった、後に「畿内」といわれる地域に集中して建立されてい

るのか、ということだ。

その「解答」が「多利思北孤の東方遷居」にある。つまり、多利思北孤は即位後、その拠点を難波にも設け、随時居を遷し、筑紫との「二拠点」で全国の統治を進めたというものだ。それは当時隋の初代楊堅（文帝）が、新たな支配地に大寺院を次々建立し、「仏教治国策《ぶっきょうちこくさく》」によって統治した手法を映したものだった。以下「多利思北孤の東方遷居」について述べていく。

二、東アジアの仏教治国策

1、護国経典『金光明経』の伝来

五世紀の東アジアでは、インド出身で四一二年に北涼に来た訳僧曇無讖《どんむせん》（三八五〜四三三）が『金光明経』を漢訳した。『金光明経』は「懺悔により罪を滅することが出来る（懺悔滅罪）」を説くと同時に、「この経典を受持・供養する国王・人民・国土を四天王（多聞天・持国天・増長天・広目天）が守り安穏にする」という「護国経典」（＊『金光明経』『法華経』『仁王経』は「護国三部経」と呼ばれる）だ。そして、経典が説く「仏教の持つ護国の力」が、支配層から重視され、アジア諸国で尊重されるようになっていく。

2、南朝の仏教施策

宋（四二〇〜四七九）・斉（四七九〜五〇二）・梁（五〇二〜五五七）と続く歴代の南朝の天子は、いずれも仏教を優遇する。特に梁では、初代武帝（蕭衍《しょうえん》）（在位五〇二〜五四九）が、五〇四年に「廃道崇仏」の詔を出すなど、仏教崇拝を進め、五一九年には僧慧約《えやく》から、「菩薩戒」を授かり、「菩薩戒弟子皇帝」、すなわち「菩薩皇帝」を名乗った。ここに、仏教による「宗政一致の統治」が実現する。しかし、梁は武帝の過度の崇仏と政治的怠慢により五五七年に滅亡し、「陳」（五五七〜五八九）が建国される。

3、北朝の仏教施策

これに対し、北朝の北魏（三八六〜五三四）は「漢化政策」を進め、道教を国教化し、道教の神名「真君」を名乗る。これは「道教における宗政一致による統治」と言える。そして太武帝（在位四二三〜四五二）は、四四六年に「廃仏令」を出し、寺院・仏像・経論を破壊、僧侶を穴埋めにした。これが「三武一宗の法難[注3]」の一「北魏の廃仏」だ。ただ四五二年に太武帝は殺され、文成帝（在位四五二〜四六五）が即位。直ちに仏教復興詔を発して再興にとりかかり、僧曇曜《どんよう》は雲崗に石窟寺院を造立、崖に歴代皇帝の姿に似せた五体の大仏を削刻し、「弥勒菩薩」に見立てさせた。また僧侶の主導で、仏像に「皇帝の奉為《おんため》」との文を願の筆頭に彫ることが推奨され、「皇帝は現世では菩薩で、没後は仏となる」との「仏と皇帝の一体化」が図られた。

4、新羅の仏教施策

六世紀初頭の半島では、新羅が積極的に仏教の受容を進め、法興王（在位五一四〜五四〇）・真興王（在位五四〇〜五七六）が相次いで受戒し、仏門に帰依する。真興王は五五四年には百済聖明王を討ち、百済・伽耶連合軍三万をせん滅、五六二年に「任那」を滅ぼして半島東南部を支配下に置く。このように新羅は「宗政一致」施策の下、勢力を拡張していく。

5、倭国（九州王朝）の仏教施策

一方、六世紀の倭国（九州王朝）では、筑紫君磐井の時代に、新羅により「南加羅（任那諸国）」が併合される。磐井没後も百済に働きかけ新羅からの任那奪還を図るが、成就せず、欽明二十三年（五六二）に、任那諸国は新羅によって滅亡させられる。

こうした半島情勢を踏まえ、倭国（九州王朝）は、倭の五王以来の「半島への軍事侵攻」施策を転換し、国内の支配拡大と統治体制の充実に力を注ぐ。その結果採用されたのが、東アジア諸国と同じ「仏教を梃とした統治」、即ち「仏教治国策」だった。

三、倭国（九州王朝）の「畿内」進出

1、丁未の乱と捕鳥部萬討伐

倭国（九州王朝）は、用明二年（五八七）にヤマトの王家内の「排仏勢力」物部守屋を討伐し（＊「丁未の乱」）、「仏教による国内の統治」を進める。『聖徳太子伝記』では、同じ太子十六歳の事件でも、別に「守屋御合戦事」と章を立て、わざわざ「勝照三年丁未（五八七）」と九州年号で記す。これは、厩戸皇子とあるのは即位前の多利思北孤で、実質は、「仏教を梃にヤマトの王家への影響力を強めよう」とする倭国（九州王朝）とその意を受けた馬子による「反倭国・排仏派との争い」と考えられる。

「丁未の乱」はヤマトの王家内の反対派の一掃だったが、より重要なのは、その後に記される「捕《と》鳥部《とりべの》萬《よろず》討伐」譚だ。

『書紀』で捕鳥部萬は、守屋の「資人（使用人）」のように記されるが、冨川ケイ子氏は次の点を挙げ、「萬」は難波・和泉・河内の支配者であり、九州王朝は丁未の乱の勝利に加え、これを討伐することにより畿内に本格的に進出することができたとする。（注4）

①捕鳥部萬は難波から和泉（茅渟県の有真《ありま》香邑《かむら》）に逃れ、最後は河内で討伐されたと記すが、これは「萬」が摂津・和泉・河内の支配者だったことを示す。

②「丁未の乱」には無い「朝廷」や「資人《つかいひと》・苻《おして》」等の「令制用語」が用いられる。特に守屋討伐に出されなかった「朝廷」が発する命令書「苻」が「萬」討伐には出されている。

③『書紀』では、「萬」討伐後に数百の遺骸が放置されたと記すが、これは萬側の戦死者が数百を数え、軍勢はその数倍だったことを示し、到底「資人」ではあり得ない。

④「朝廷」は討伐後に「萬」の死骸を「八段に斬り、八国に散し梟《くしさ》せ」と命じる。これは「萬」が八国に影響力を持つ人物であることを示す。そもそも『書紀』では、守屋討伐記事（四三六字）よりも捕鳥部萬討伐記事（四六〇字）

の分量の方が多いのだ。

このように、倭国（九州王朝）は物部守屋・捕鳥部萬を討ち、同時に馬子を通じヤマトへの支配も強め、守屋や「萬」の支配地だった難波・河内・和泉・斑鳩など[注5]を含めた「畿内」を勢力圏に収めていく。

2、多利思北孤の「仏教治国策」

多利思北孤が即位した九州年号「端政《たんじょう》年間（五八九～五九三）」に、「護国経」として知られる「法華経」が伝来する。（＊『二中歴』の端政年間細注に「法華経の渡来」が記される。）

当時中国では五八一年に南朝梁が倒れ、隋が建国される。隋の初代「楊堅（文帝）」は仏教に帰依し、新たに支配した国々の円滑な統治を進めるため「仏教」を積極的に活用した。

楊堅は、開皇三年（五八三）に、仏寺復興の詔を発し、開皇五年（五八五）に菩薩戒を受戒、大興城（長安の東南に築造された隋の都城）に官寺大興善寺、四十五州に大興国寺・大県毎に僧・尼両寺を創設。また、仏教を監督し統治する制度として中央に宗教局「昭玄寺」を設置、その長に大統・統などを任命、僧官と吏員を置く。さらに、州・県にも分局として沙門僧を置くなど、中央・地方に仏教治国組織制度を確立していく。

加えて、仁寿元年（六〇一）・二年・四年の三回にわたり、全国百十余箇所の官寺に舎利を分配、舎利塔を起塔させ納めさせる。起塔費用は一人十文以下の民衆の布施で賄うとともに、事業開始時には多数の僧が地域を七日行道し、仏教の浸透・教化をはかる。これを隋の「仏教治国策」と呼ぶ。

そして、次代の煬帝（晋王「楊広」）も、天台宗の宗祖智者大師智顗《ちぎ》から、即位前の開皇十一年（五九一）菩薩戒を受戒し「仏教治国策」を引き継いでいく。

多利思北孤は、そうした隋の動きと呼応するように、難波～河内～斑鳩を結ぶ大道（渋川道・龍田道）を作り、道に沿って四天王寺・渋川廃寺・衣縫廃寺・平隆寺・法隆寺（斑鳩寺）・中宮寺等の大寺院を次々と建立した。同時に蘇我馬子はヤマト王家の拠点飛鳥に法興寺を建立し仏教の力を誇示していく。

また多利思北孤は諸国に詔して、仏教の崇拝と寺院の建立を命じていった。その「具体的な措置命令」が『書紀』

推古二年条に記される「三寶興隆詔」だ。

◆『書紀』推古二年（五九四）（告貴元年）春二月丙寅朔、皇太子及び大臣に詔して三寶を興し隆えしむ。是の時に、諸臣・連等、各の君親の恩の為に、競ひて佛舎を造る、卽ち是を寺と謂ふ。（注6）

四、多利思北孤の即位とさらなる「東方進出」

1、多利思北孤の即位と「道制」創設

多利思北孤は五八九年に即位し、新支配地の統治に取り組む。五八九年は「政治の始め（端緒）」を意味する九州年号「端政元年」で、かつ『聖徳太子傳記』によれば、太子十八歳（五八九年）に、「国政を執行」し倭国を六十六国に分割したと記されているところから、多利思北孤の即位年と考えられる。

そして、即位後ただちに、後の「五畿七道」の元となる「道制」を創設し、各道に責任者を任命、さらなる「東方」への進出と支配強化を図っていく。

◆『書紀』崇峻二年（五八九）七月朔に、近江臣満を東山道の使に遣して、蝦夷国の境を観しむ。宍人臣鴈を東海道の使に遣して、東の方の海に浜《そ》へる諸国の境を観しむ。阿倍臣を北陸道の使に遣して、越等の諸国の境を観しむ。

「大和朝廷の律令による道制」の「七道」は、大和・難波を始点とする「東海道、東山道、北陸道、山陽道、山陰道、南海道、西海道」だ。一方、「多利思北孤の道制」は、①筑紫を始点とし半島に向かう「北海道」、②中国に向かう「西海道」、③琉球に向かう「南海道」、④四国・和歌山・大和・伊勢を経て太平洋岸を通り常陸に至る「東海道」、⑤山陽から摂津・近江・飛騨等を経て上野・下野国に至る「東山道」、⑥山陰から日本海岸を通り越後に至る「北陸道」の六道だったとの説が、西村秀己氏、山田春廣氏から提起されている。（注7）

2、多利思北孤の東方遷居

こうした「全国統治」のためには、拠点を九州から「東方」、特に統治上重要な灘波を中心とする、のちに「畿内」

と呼ばれる地域（以下、「畿内」と略す）に設ける必要があることは疑えない。そして、これを裏付けるように、瀬戸内海の九州年号資料には「神」に擬えられた「王・天子」の来訪が記されている。その最も明白な例が『平家物語』（長門本）に記す「仏法興行のあるじ」の九州からの来訪だ。

「長門本」は長門赤間関（現下関市）の阿弥陀寺に所蔵されていた本で、長府本・赤間本・阿弥陀寺本などとも呼ばれる「九州年号資料」だ。「延慶本」など他の平家物語の諸本より分量が多く、様々な独自の典拠を用いて編集されたものと考えられる[注8]。

◆『平家物語』長門本（『平家物語』巻第五　厳島次第事一八六頁）　厳島大明神と申は、旅の神にまします、仏法興行のあるじ慈悲第一の明神なり、婆竭羅《しゃがら》龍王の娘八歳の童女には妹、神宮皇后にも妹、淀姫には姉なり、百王を守護し、密教を渡さん謀に皇城をちかくとおぼして、九州より寄給へり、その年記は推古天皇の御宇端政五年癸丑（五九三）九月十三日。

ここでいう「仏法興行のあるじ」の「法興」は、『隋書』の「海西の菩薩天子、重ねて仏法を興す」との記事や、『法隆寺釈迦三尊像光背銘』の上宮法皇の年紀である「法興」と通じている。さらに「端政」という多利思北孤の時代の九州年号が用いられていることから、「仏法興行のあるじ」とは「多利思北孤」を指すことは疑えない。しかも「九州より寄給へり」とあるから、端政五年（五九三）に九州を出発し、厳島を訪れたというものだ。

ここで注目すべきは、「密教を渡さん謀に『皇城をちかく』とおぼして」との語句だ。これは、多利思北孤は、単に「畿内」を訪問しただけでなく、仏教による全国統治「仏教治国策」の推進のため、その拠点（皇城）を「東方」に設け、そこから統治したことを意味する。そして、「密教」とは端政年間（五八九〜五九三）に伝来した「法華経」を指すことになろう。

そして、翌年の五九四年には、前述のとおり「三寶興隆詔」が出され、九州年号は「告貴（五九四〜六〇〇）」に改元される。「告貴」は「三寶興隆詔」に相応しい「貴い教えを伝える」意味だと考えられる。

長門国は、筑紫に隣接し、『書紀』の「白雉改元」記事に、

◆今我が親神祖《むつかむろぎ》の知らす穴戸國の中に此の嘉瑞《よきみつ》有り。所以《このゆえ》に、天下に大赦し、白雉と元を改む。

とある。『書紀』の熊襲討伐記事で、景行や仲哀・神功は周芳の沙麼（山口縣防府市佐波か）・穴戸豊浦宮（下関付近か）を経由拠点としているが、古田武彦氏は「九州王朝の九州一円平定譚からの盗用」とされている。

また、「白雉（元年）」は、「元壬子年」木簡から、『書紀』年号（六五〇年庚戌）ではなく、九州年号（六五二年壬子）が正しいことが分かっているから、この改元の詔は九州王朝の天子の「長門国は九州王朝の祖が統治した」という詔となる。

そして、平安から鎌倉・室町時代の有力氏族の大内氏は、その長門を中心に、周防・長門・石見・豊前・筑前を領域としていた。これは九州王朝の中心領域を含んでおり、大和朝廷の元で消されていった九州王朝の伝承が、大内氏には残されていたことになろう。

3、多利思北孤の東方遷居を証する瀬戸内の資料群

多利思北孤の「畿内」への遷居は、ほかにも多数の根拠資料がある。

①『伊予三嶋縁起』崇峻天皇位此代端政元暦（五八九）配厳島奉崇。端政二年（五九〇）暦庚戌自天雨降給。

②『豫章記』（越智氏系図中、十五代目「百男」細注）端正二年（五九〇）庚戌崇峻天皇時立官也。其後都江召還。背天命流謫也。

③『聖徳太子伝』端正五年（五九三）十一月十二日ニ厳島大明神始テ顕玉ヘリ。

④『伊都岐島神社縁起』（厳島神社）・推古天皇端正五年癸丑（五九三）十一月十二日也・推古天皇端正五年癸未（＊癸丑の誤り）・厳島明神ト申ハ推古天皇御宇癸丑端正五年・推古天皇の御宇端正五年＊戊申十二月十三日厳島に来臨御座。（＊戊申は五八八年）

⑤『万福寺子持御前縁起』推古天皇御宇端正元癸丑年ここなる銀鎖岩の上に鎮座し給ふ（＊「癸丑」は推古元年（五九三）端正五年）足引宮は彼の飛車に打飛て大日本国長州厚狭郡本山村に到着あり、頃は推古天皇御宇端正元年癸丑十一月十三日午の刻とは聞へけり。

⑥『伊予国風土記』（逸文）法興六年（五九六）（＊九州年号告貴三年）十月、歳は丙申に在り、我が法王大王と恵総法師及び葛城臣、夷與村に逍遙し、正しく神の井を観て世の妙しき験を嘆きたまひき。（『釈日本紀』による。）

伊予国（越智国）は、朴市田来津と共に白村江を戦い捕虜になったという越智直守興を先祖に持つ越智氏の本拠であり、やはり九州王朝の伝承が保存されていたと思われる。

4、多利思北孤の畿内での拠点（皇城）はどこにあったのか

そこで、問題となるのは、多利思北孤が畿内に滞在したなら、その宮はどこにあったのかということだ。

前掲の諸資料から多利思北孤の東遷年と考えられる「端正五年（五九三）」は、『書紀』では「始めて四天王寺を難波の荒陵に造る」とある推古元年にあたる。また、聖徳太子の伝記（『上宮聖徳太子伝補闕記』）では、守屋討伐後に「玉造の東の岸」に造られたとする。

◆『上宮聖徳太子伝補闕記』玉造の〈在東生郡東岸上〉の営を以て即ち四天王寺と為す。

これは現在の大阪城付近にあたり、現四天王寺の立地とは一致しない。

一方、『二中歴』九州年号「倭京」細注に「二年（六一九年）、難波天王寺聖徳建」とあり、これは、大阪市文化財協会等が、四天王寺の創建瓦の編年から推定する六二〇年ごろと一致する。

現大阪城付近は石山本願寺～秀吉の大阪城～徳川の大阪城と巨大施設が造営されたため、それ以前の遺構は調査不能だ。しかし近年、大阪城の西、難波宮の西北に、古墳時代から難波宮時代まで続く大規模な倉庫様の施設群が発見され、また、難波宮下層遺跡から、七世紀の難波宮造営以前に、すでに台地中央においても役所群・工房群が存在していたと考察されている（＊南秀雄大阪市文化財協会・前事務局長）。さらに、大阪市文化財保護課の佐藤隆氏も、難波宮以前の大阪城下層に「王宮と呼ぶべきもの」の存在を推測している。

◆土器によって遡りうる五世紀における管理施設（あるいは「王宮」と呼ぶべきもの）がおかれたとすれば、今回検討している大坂城本丸・二の丸南部の、上町台地において最も標高の高い地区しかありえないと言える[注9]。

『補闕記』の「営」が「営所」のことなら「兵隊がいっしょに居住する所。兵営」を意味する。守屋討伐直後で

あれば、難波津に九州王朝の兵の駐屯所があるのは自然だ。そこから推測されるのは、多利思北孤は、まず現大阪城付近に兵力を伴う居所を造り、六一九年にそこを「天王寺」として整備した。その後、同所に前期難波宮を造営するに際し、「天王寺」の場所を現四天王寺に「移築」させ、その際には瓦も移されたのではないか。

考古学上で推定される大阪城下の施設や周辺の倉庫群も「貿易・交易」だけでなく、倭国（九州王朝）の造営した軍事上の兵站拠点・統治拠点だったと考えれば、その機能がよく理解できよう。この施設群が「前期難波宮」造営の基をなしていたなら、九州王朝の難波宮造営は、必然的な歴史背景と経過を踏まえたものとなろう。

こうした、守屋を討伐し、端政元年（五八九）に即位した直後の時代における、瀬戸内海の資料群から、「多利思北孤の東遷」、すなわち倭国（九州王朝）の畿内・東国支配の歴史が浮かび上がってくるのではないか。

【注】

（注1）「上宮法皇」の崩御は六二二年二月二十二日で、厩戸皇子の逝去は推古二十九年（六二一）二月癸巳（五日）。厩戸皇子の母は間人皇女、皇后は菟道貝蛸皇女等で、上宮法皇の母は鬼前太后、后は干食王后。

（注2）『上宮聖徳法皇帝説』での「厩戸の誕生」は五七四年甲午。『聖徳太子伝記』で「九州年号で記される聖徳太子の誕生」は金光三年壬辰（五七二）。

（注3）「三武一宗の法難」とは五世紀の北魏の太武帝・六世紀の北周の武帝・九世紀の唐の武宗・十世紀の後周の世宗の廃仏をいう。

（注4）冨川ケイ子「河内戦争」（『古田史学論集第十八集』「盗まれた「聖徳太子」伝承」明石書店二〇一五年）

（注5）物部氏の祖「饒速日」は斑鳩峰に降臨したとされ、生駒山の東西山麓一帯が守屋の支配地だったと考えられる。

（注6）『聖徳太子伝記』（太子二十三歳条。五九四年告貴元年）に「国毎に大伽藍を建て、国府寺と名づく」「六十六ヶ国に大伽藍を建立して国府寺と名づく。其の後、諸国の民に、財有る者は、一人の願として堂塔を建て、無力の者は衆人合力し精舎を構ふ」とある。これは隋の文帝が民に費用負担させ、仏塔を建てさせたのと軌を一にする。

（注7）西村秀己「五畿七道の謎」（『古田史学論集第二十一集』「発見された倭京―太宰府都城と官道」明石書店二〇一八年）

また、山田春廣氏は、「『東山道十五国』の比定」（同論集）で、景行紀で彦狭島王が、「東山道十五国の都督」に任命されていることについて、大和朝廷の「東山道」は八国しかなく、「九州王朝の東山道」は、西村氏の言うように、筑紫を起点とする、大和朝廷時代の東山道＋山陽道の合計十五国を通る道だとする。

（注８）「長門本」については、『国書解題下』（佐村八郎著、日本図書センター一九七九年）の「平家物語」の項には「其の中に、長門本とて、長門の阿弥陀寺に伝えたるは、文体いたく違ひて、普通本に載せざる記事多し。全く別本としてみるべし。」とあり、『広文庫十七』（物集高見、物集高量著、名著普及会一九八六年）には、「東見記に云く、長門国赤間関に平家物語有り、常の平家より多し」とある。

なお、「覚一本」には「欽明天皇の御宇に及んで、彼国よりこの国へうつらせ給ひて、摂津国難波の浦にして、星霜をおくらせ給ひけり。常は金色の光をはなたせましましければ、これによって年号を金光と号す。」とある。

（注９）佐藤隆『特別史跡大坂城跡下層に想定される古代の遺跡』（大阪歴史博物館 研究紀要 第十四号二〇一六年）

太宰府出土須恵器杯Bと律令官制

―九州王朝史と須恵器の進化―

古賀達也

一、土器編年と文献史学の齟齬

九州王朝（倭国）の都（太宰府条坊都市）に、消耗品である食器を供給したのが牛頸窯《うしくび》です。同窯跡群は水城の西側、大野城市南端の牛頸山から周囲へと広がる全国三大須恵器窯跡群(注1)の一つです。六世紀中頃から九世紀中頃まで操業しており、六世紀末から七世紀初頭に急拡大します。七世紀中頃には一旦縮小し、八世紀にまた生産活動が増えます。この牛頸窯の変遷が九州王朝史に対応していることをわたしは発表しました(注2)。

文献史学によれば、九州年号の倭京元年（六一八）に九州王朝の天子阿毎多利思北孤は筑後から太宰府に遷都したと考えられ(注3)、それに対応する考古学的事実が、六世紀末から七世紀初頭にかけての牛頸窯跡群の急拡大です。九州王朝の全国支配のため、数千人の官僚が執務し(注4)、その家族らが生活する太宰府へ食器供給のために牛頸窯が造営されたのであれば、太宰府条坊都市は七世紀前半には造営されていたと考えられます。しかし、考古学者は出土須恵器（杯B）などの編年を根拠に、七世紀前半には遡らないとします。

二、七世紀に進化した須恵器

牛頸窯から太宰府に供給された食器は須恵器と土師器です。土師器は淡いオレンジ色の土器で、主に煮炊き用に使用されたと考えられています。須恵器は青みがかった灰色の土器で、こちらは食事用の容器です。須恵器は高温の還元炎で焼成するため、堅くて丈夫です。五世紀初頭頃に朝鮮半島から倭国に伝わったとされ、わが国最古の須恵器窯跡遺跡（小隈・山隈・八並）が福岡県筑前町から発見されています。[注5]

須恵器はなぜか七世紀に様相が急に進化し始めます。大きな変化の目安として、古墳時代から続く丸底で丸い蓋を持つ「杯《つき》H」に始まり、蓋につまみが付く「杯G」、更に底に足が付く「杯B」と変化し、その違いを利用して相対編年が可能です。実際には細部の形式や大きさ（法量）の変化も利用して、より詳しく分類編年されています。そのなかで、最も注目されるのが杯Bです。その様式変化の理由と背景、発生時期が九州王朝史と密接な関係があるからです。

三、机上に置くための「杯B」

須恵器杯の様式変化は次のようです。古墳時代から続く杯Hに重なるように、七世紀中葉に杯Gが発生します。後葉になって杯Bが出現し、杯Hは激減します。この変化はほぼ全国的に進みます。わたしはこうした須恵器の様式変化は、九州王朝の全国統治の歴史に連動していると考えています。

七世紀の須恵器で注目されるのが杯Bの発生理由で、その機能が変化の主要因と思われます。既に指摘されてきたことですが、[注6]杯身の底に足が付いた杯Bの最大の機能は、平たい机や台の上に安定して置けることであり、須恵器杯（食器）を机上に並べて食事するという習慣の誕生が、杯B発生の背景にあったと考えられます。牛頸窯で須恵器が六世紀末から七世紀初頭に量産され始め、大量の杯Bが太宰府条坊都市に供給されたことは出土事実から明らかです。

　このことから、机上に食器を置いて食事する大勢の人々が発生したと考えられ、机上で執務する多くの文書官僚が誕生したことが杯B発生の主要因と思われます。律令制により全国統治するためには、行政文書（命令書・報告書、戸籍類、役務や徴税・徴兵の記録）の作成管理が不可欠です。その際、官僚たちが床にはいつくばって文書を書いたとは考えられず、やはり机で執務したはずです。そして彼らは食事も机で取るようになったと思われます。

　そうした多くの官僚たちが執務・食事する所こそ、権力中枢の地、すなわち都《みやこ》です。ですから、杯Bの発生とその大量消費は、多くの律令制官僚の発生を伴う建都や遷都に連動した動きと考えられます。

四、太宰府官僚群の誕生と「杯B」

　杯B発生の背景には律令制官僚群の誕生があったとする仮説を九州王朝説で考察すると次のようになります。

（1）倭京元年（六一八年）に筑後から太宰府に遷都した多利思北孤の時代は全国統治の初期段階と考えられ、机で執務・食事する国家官僚が太宰府官衙に配置された。これと対応するように牛頸窯から官僚用食器杯Bの製造と供給が始まった。同窯跡群の生産活動が六世紀末から七世紀初頭にかけて急増するという考古学的出土事実がある。従って、杯Bの発生は七世紀中葉頃（約六二〇～六七〇年）と考える。以前、わたしは北部九州での杯B発生を七世紀初頭と考えていたが、(注7)通説との乖離を説明しにくく、今では「中葉頃」とする表現が適切と考えている。
（2）九州王朝の律令制による全国統治が進むにつれ、七世紀中葉～後葉にかけて各地に国衙・評衙が造営され、地方官僚の配備と地方長官の任命や派遣が始まる。それに伴って杯Bが各地に伝播し、七世紀第3四半期頃には各地で杯Bが普及し始める。その痕跡として、六六〇～六七〇年頃の遺跡層位から杯Bが出土し始める。
（3）七世紀中頃には評制による全国統治体制が確立し始める。(注8)九州年号・白雉元年（六五二年）には、統治拠点として、巨大な難波複都（前期難波宮）が造営される。そこで執務する数千人に及んだであろう国家官僚のために、陶邑窯跡群（堺市）でも杯Bの製造が始まり、難波京に供給された。

前期難波宮整地層からは杯Bの出土は見られず[注9]、前期難波宮活動期の層位から杯Bの出土がみられる事実は、この仮説を支持している。すなわち、それまでの近畿地方には杯Bを必要とするような律令制国家官僚群は存在しなかった（倭国の都は近畿にはなかった）。

九州王朝説では、以上の解釈が可能です。すなわち、杯Bや律令制国家官僚群は、七世紀の中葉頃、九州王朝（倭国）の都（太宰府）にて、他に先駆けて成立したとする仮説です。

五、「杯B」九州王朝発生説の課題

以上の仮説は有利な点と克服すべき課題を併せ持っています。

まず有利な点ですが、飛鳥編年など既存の土器編年をとりあえず北部九州以外ではそのまま採用できることです。当面の修正対象が太宰府を中心とする北部九州（須恵器の先進地域）の土器であるため、土器編年検討作業を「九州編年」に集中できます。

克服すべき課題は、太宰府土器編年見直しの方法論の確立で、具体的には次の諸点です。

（i）杯Gや杯Bの相対土器編年と絶対編年（暦年）とのリンク。

（ii）文献史学による太宰府の編年と土器編年の齟齬解消。

（iii）各太宰府遺跡（政庁Ⅰ期・Ⅱ期、観世音寺、朱雀大路、太宰府条坊、水城、大野城、基肄城、土塁、阿志岐山城、等）造営年代の整合。

なかでも（ｉ）が重要で困難な作業です。土器の相対編年を暦年にリンクするには、科学的年代測定あるいは文献史料との対応が必要ですが、後者の九州王朝系史料は少なく、仮にあっても通説論者はそれを史実とは認めないでしょう。前者の場合、炭素同位体比年代測定値には幅があり、七世紀（百年間）のなかで、杯Ｈ・杯Ｇ・杯Ｂと変化した土器編年と正確にリンクするのは困難です。その点、年輪年代測定法は樹皮が遺っていれば伐採年を特定できますが、木材転用の可能性もあり、伐採年と遺跡造営年が一致するか否かについては研究者の解釈による恣意性が発生しそうです。

六、土師器量産に回転台を使用

牛頸を筆頭に各地の窯から太宰府に須恵器や土師器が供給されていますが、太宰府の土師器は、他地域とは異なる特徴を持つことが知られています。それは、ある時期から回転台（ろくろ）を使用して土師器が造られるようになることです。

回転台成形技術は須恵器と共に伝わっていますが、土師器はその後も地域伝統の「手持ち成型」技法で造られています。ところが太宰府では須恵器杯Ｂの流行と同時期に土師器も回転台により造られるようになりました。これは大和の「宮都」にだけ見られる現象とされてきたようで、中島恒次郎氏は「日本古代の大宰府管内における食器生産」[注10]で次のように説明します。

「大宰府官制成立時に発現する回転台成形の土師器生産は、宮都以外に発現した一大画期とでもいえる事象で、大宰府管内においても重要な出来事である。（中略）

古代官衙成立後に発現する回転台成形の土師器を国家的な食器として見た時、九州内においては成川式土器、兼久式土器のように様式名称を上げることができるように大宰府との距離と正比例する強度で在地伝統が強くなる。逆を述べると大宰府を国家的な様相の極としていることになる。（中略）在地伝統の技術として捉えた手持ち成形の土師器は、実は都を包括する畿内では通有の事象であり、九州において在地伝統の技術を保持している集落と都がある畿内が同じ保守的様相を保っていることになる。」六七一～六七三頁

この説明の要点は次の通りです。

（a）太宰府官制成立時・官衙成立後に回転台成形の土師器が発現する。

（b）須恵器と土師器が共に回転台成形になるのは、大和の「宮都」と太宰府にのみ見られる国家的現象である。

そして、中島氏は土師器も回転台成形になった背景として、世襲工人の崩壊（筑前・筑後・肥前）や食器製造工人集団の統合がなされたためとしています。

「（筑前・肥前・筑後の）土師器は、回転台成形の製品が優勢な大宰府を一方の極とし、前代からの系譜を引く手持ち成形の製品が優勢な集落を一方の極とする様相が観察できる。ただし、時間の経過とともに集落様相は、Ⅲ―2期（八世紀後半～九世紀前半）には回転台成形の土師器が優勢へと転換していく。その背景は、生産工人のあり方を文献史学ならびに考古資料観察から導き出した、世襲工人の崩壊による多様な人々による生産への転換を想定している。」六六七頁※（）内は古賀による。

「食器構成においてみるとⅢ―1期（八世紀前半）において律令制国家的様相である土師器―須恵器の器種互換性・法量分化が成立し、国家的様相下に入るとともに、食器製作技法を見ると、地域の利害を無視した生産体制として土師器―須恵器の生産工人を整理統合、再分離を行ったと解せる事象が顕在化することになる。この食器生産体制

の編成と時期を同じくして条坊制施行、官道整備、水城・大野城・基肄城の再整備など大規模でかつ広範な分野で国家制度を体現するための諸制度が敷かれていくことになる。」六七三頁 ※同右。

この現象について、わたしは次のような背景を推定しています。すなわち、多利思北孤による太宰府遷都（倭京元年、六一八年）と律令制統治体制確立による急激な人口増加が太宰府で発生し、それに対応した食器量産体制拡充のため、より生産性が高い回転台成形が土師器にも採用されたとする理解です。これは須恵器増産のための牛頸窯拡大と軌を一にした政策と考えざるを得ません。そうすると、その時期は七世紀前半頃に位置づけるのが穏当ですが、中島氏の編年とは五十年ほど異なるため、太宰府土器編年（特に杯Bの発生時期）の再検討が必要です。

なお、中島氏のいう「大宰府官制」とは『大宝律令』による八世紀の「大宰府官制」を指しています。実際に七世紀中頃に減少した牛頸窯は八世紀になると再び増加していることが知られています。[注11] 同様に、七世紀中頃の九州王朝律令官制確立時期と回転台成形土師器の発生時期が一致するのかの検討が必要です。[注12]

七、おわりに

本稿では、須恵器杯Bの発生が律令制官僚群の誕生を背景としており、それは九州王朝の都、太宰府で最初に起きたとしました。他方、既存の土器編年による杯Bの発生時期（七世紀後葉）と文献史学による太宰府成立時期（七世紀中葉頃）とに齟齬が生じていると指摘しました。この問題を解決するためには、太宰府の須恵器編年の見直しが避けられないとわたしは考えています。

〔初出：『多元』一六七号、二〇二二年〕

【注】

（1）堺市の陶邑、名古屋市の猿投山《さなげやま》とともに牛頸は三大須恵器窯跡群遺跡と称される。

（2）古賀達也「洛中洛外日記」一三六三話（2017/04/05）〝牛頸窯跡出土土器と太宰府条坊都市〟

古賀達也「太宰府都城の年代観―近年の研究成果と九州王朝説―」『多元』一四〇号、二〇一七年七月。

（3）古賀達也「九州王朝の筑後遷宮―高良玉垂命考―」『新・古代学』四集、新泉社、一九九九年。

古賀達也「太宰府建都年代に関する考察―九州年号『倭京』『倭京縄』の史料批判―」『「九州年号」の研究』ミネルヴァ書房、二〇一二年。

（4）律令制中央官僚の人数は約八千人であり、巨大条坊都市が不可欠とする次の論稿がある。

正木裕「盗まれた遷都詔―聖徳太子の「遷都予言」と多利思北孤―」『盗まれた「聖徳太子」伝承』明石書店、二〇一五年。

服部静尚「古代の都城―宮域に官僚約八千人―」『発見された倭京』明石書店、二〇一八年。

（5）古賀達也「洛中洛外日記」一四八八～一四九四話（2017/08/26～09/03）〝須恵器窯跡群の多元史観（1）～（5）〟

古賀達也「須恵器窯跡群の多元史観―大和朝廷一元史観への挑戦―」『古田史学会報』一四四号、二〇一八年二月。

（6）古賀達也「洛中洛外日記」一二一四話（2016/06/21）〝須恵器杯B」発生の理由と時期〟で、小田裕樹さん（奈良文化財研究所）へのインタビューコラム「土器が語る食卓の『近代化』」（二〇一六年六月一日・朝日新聞夕刊）の次の記事を紹介した。

「推古天皇や聖徳太子が活躍した七世紀前半は、丸底の食器を手に持ち、手づかみで食べる古墳時代以来のスタイル。しかし七世紀後半の天智・天武天皇の時代に、平底から高台つきの食器を机や台に置き、箸やさじで料理を口に運ぶ大陸風のスタイルに変わったようです」

（7）同（6）では、「須恵器杯Bの発生について、九州王朝（北部九州、大宰府政庁Ⅰ期下層出土など）において七世紀初頭頃と考えています。」としていた。

（8）古賀達也「古田先生との論争的対話―「都城論」の論理構造―」『古田史学会報』一四七号、二〇一八年八月。

（9）前期難波宮水利施設造成時の客土層から出土した大型の「杯Bの蓋」（一点）について、江浦洋氏（大阪府文化財センター）は「普通の杯Bよりも大きめの坏で、杯Bの範疇外」と筆者からの質問に返答された（二〇一七年一月、「古田史学の会」古代史講演会）。

佐藤隆『難波宮址の研究 第十一 前期難波宮内裏西方官衙地域の調査』（大阪市文化財協会、二〇〇〇年）も、前期難波宮整地層から杯Bは出土していないとする。

他方、小森俊寛『京《みやこ》から出土する土器の編年的研究―日本律令的土器様式の成立と展開、七～十九世紀―』（京都編集工房、二〇〇五年）において、前期難波宮整地層出土とされた杯Bは「後期」難波宮整地層からの出土であり、「前期」難波宮としたのは小森氏の誤認であることを次の論稿で指摘した。

古賀達也「洛中洛外日記」一八二三〜一八三九話（2019/01/12〜02/17）〝難波宮整地層出土「須恵器坏Ｂ」の真相（1）〜（5）（補）〟

古賀達也「前期難波宮『天武朝造営』説の虚構─整地層出土「坏Ｂ」の真相─」『古田史学会報』一五一号、二〇一九年四月。

（10）中島恒次郎「日本古代の大宰府管内における食器生産」大宰府史跡発掘50周年記念論文集刊行会編『大宰府の研究』高志書院、二〇一八年。

（11）石木秀哲（大野城市教育委員会ふるさと文化財課）「西海道北部の土器生産〜牛頸窯跡群を中心として〜」『徹底追及！　大宰府と古代山城の誕生─発表資料集─』二〇一七年。

（12）「七世紀中頃の九州王朝律令官制確立の時期」には前期難波宮も含まれるので、検討範囲は難波地域や陶邑窯跡群も対象となる。

【コラム①】

蹴鞠ではなく打毬《だきゅう》用の木球

大原重雄

（1）『日本書紀』の打毱

二〇二二年七月末の新聞報道に、日本古来の遊戯「打毬」に使われた可能性がある木球の記事があった。奈良市の平城宮跡で約三十五年前に出土した木球が、西洋の馬術競技ポロに似た日本古来の遊戯「打毬」に使われた可能性があることがわかったという。直径四・八～五・三センチで、直径約三センチの平らな面もあったという。分析した奈良文化財研究所の小田裕樹主任研究員は「当時の貴族に流行した遊びを復元する貴重な資料になる」とのことだ。共同通信によるものでいずれもこの記事以上の説明などはない。しかし、この打毬が実際に行われていたとするなら、気になる問題が生じる。

記事では「打毬」だが『日本書紀』では漢字が異なり、「打毱」とされ「まりく」と訓みがふられている。そしてこの「打毱」は『日本書紀』には皇極紀の一か所に登場するだけだ。その箇所はかの中大兄と中臣鎌足が懇意となるシーンである。すると飛鳥時代にはこの遊戯があったのだろうか。だがそれでは中大兄は馬に乗ってポロをしていたことになるが、『書紀』の記述からはそのようには考えにくい。この打毬にはポロだけではなく、ホッケーのような意味もあるようだ。高松塚古墳の壁画の男子像にはこのホッケーのストックを持つ人物（右端）が描かれている。関西大学博物館の解説では「鞠打ち

平城宮跡出土遊戯打毬用木球

高松塚古墳壁画男子像

遊技の毬杖《ぎっちょう》」とある。被葬者といっしょにお伴が遊行に出かけて、遊戯を楽しんだのかもしれない。中大兄も打毬というホッケーを楽しんでいたところに、ちょうど居合わせた鎌足が、飛んできた履《くつ》を拾ったということであろうか。だがこれはどうも他の説話を参考にした創作のようである。

(2)新羅王の説話が参考にされた乙巳の変

『書紀』に書かれた乙巳の変の多くの記事が史実ではないとの疑問や指摘は早くからあった(注1)。この中大兄と鎌足の場面は新羅武烈王である金春秋が蹴鞠を楽しんでいた際の説話からのようだが、ここでいう蹴鞠は、全国の神社の祭事などで行われる空中に蹴り続ける蹴鞠ではなく、サッカーに近い対抗戦式の球技であったようで、それは中国で始まったもののようだ。この蹴鞠に興じていた際に、配下の金庾信はわざと金春秋の衣の紐を踏み破って、すかさず自分の襟の紐を裂いて裾を縫わせる。しかし先に姉に頼んだが本人が辞退したので妹に縫わせる。それが縁で後に金春秋は妹の文姫《ぶんき》を后にする。一方鎌足の発案で、中大兄は蘇我石川山田麻呂の姉を娶るはずだったが、誘拐されてしまったので代わりに妹を娶ることになる。金春秋は孝徳紀に人質として来日しており、その記事によく談笑する、とあるので、この后とのきっかけの話は酒の席などで語られていたのだろう。それを『書紀』編者は利用したとも考えられる。だがこれは蹴鞠であって打毬ではない。日本でいつから雅な蹴鞠が始まったのか定かではなく、サッカーのような蹴鞠があったのかもわからないようだ。『日本書紀』では、露骨に新羅の説話を丸写しにするのを憚って、繕うことを断った姉の話が誘拐されたとしたり、当時の日本に先に伝わっていた打毬にしたのではなかろうか。

(3)原文改定された誤った解釈

鎌足の伝記である『大織冠伝』は、その多くは『日本書紀』に沿って著述がされているが、この中大兄が興じていた打毬は、蹴鞠とされている。これはホッケーのような球技では履は飛ばないと考えたのであろう。そして

『日本書紀』の現代語訳の宇治谷孟氏なども、ここを蹴鞠とされている。だがこれは恣意的な原文改定である。そしてこの場面の蹴鞠は、現代の共通認識としての雅な蹴鞠とされる。新羅の説話の蹴鞠はあくまでサッカーのようなものだが、伝記の作者である藤原仲麻呂はおそらく、毬を空中で蹴り続ける雅な蹴鞠こそ履が飛ぶことになると考えたのではないか。現代では、この雅な蹴鞠で中大兄の履が飛んだと当然のように説明され、まことしやかなイラストも描かれている。だがこれは史実でも何でもない。雅な蹴鞠は八世紀頃からと考えられている。乙巳の変にかかわる説話の多くが作り話であることの一端を示すものであるのだ。

（注1）阿部学「乙巳の変（大化改新）と毗曇の乱の相関関係について」氏のHP「manase8775」ここに大正十二年の福田芳之助の「新羅史」に指摘があることが紹介されている。

参考文献
沖森卓也、佐藤信、矢嶋泉訳『現代語訳　籐氏家伝』ちくま学芸文庫、二〇一九年
塩見修司「『万葉集』と古代の遊戯」河添房江・皆川雅樹編『唐物と東アジア』所収　勉誠出版、二〇一一年
山田尚子「黄帝蚩尤説話の受容と展開」『東アジアの文化構造と日本的展開』所収　北九州中国書店、二〇〇八年
金富軾著、金思燁訳『完訳　三国史記』明石書店、一九九七年
図「打毬用木球」の写真は奈良新聞社より提供。「高松塚古墳壁画」のイラストは関西大学博物館壁画再現展示室パンフより

「壬申の乱」の本質と、「二つの東国」

正木　裕

1、「壬申の乱」とは

「壬申の乱」は、天武天皇元年壬申（六七二）六月二十四日～七月二十三日に起きた、近江朝の大友皇子と叔父の大海人の間で戦われた内乱とされる。『書紀』に記す乱の経緯は以下の通りだ。

近江大津の宮（近江朝）に居していた天智天皇は、六七一年十月に病に倒れる。このとき、東宮（皇太子）となっていた弟の大海人皇子は、皇后の倭姫王《わのひめのおおきみ》（注1）を天皇に、天智の実子大友皇子を皇太子・太政大臣に推挙し、自らは吉野に出家する。そして天智は十二月三日に崩御し、大友皇子が後継者となる。

翌六七二年六月、大海人皇子を滅ぼそうとする、大友側の動きを察知した大海人は、吉野を脱出して「東国」の勢力を糾合し、近江朝と戦端を開く。

この間、大友側は吉備や筑紫の協力を求め、符《おして》（教命の書）をもたせた使者を派遣するも、相次いで拒否される。

戦いは、高市皇子に率いられた大海人皇子側の勝利に終わり、七月二十三日大友皇子は自決し、乱は幕を閉じる。

その後八月に高市皇子が大友側に懲罰を下し、九月に大海人が大和に入り、翌六七三年二月に「飛鳥浄御原宮」で即位する。

この「壬申の乱」は、通説では「古代日本最大の内乱」で、天武が事実上全国の支配権を確立する重大な意義を持つとされている。

しかし『書紀』では、戦の範囲は奈良・三重・滋賀と岐阜・京都・大阪という「広い日本のほんの一部」に限定され、戦闘の期間も、実質一か月の短期間にしか過ぎない。しかも、ヤマトの王家の「叔父と甥」という「身内の戦い」だ。これでは「大乱」ではなく「小乱」になってしまう。

この点、古田氏は、人麻呂の万葉歌や『旧唐書』などから、天武が近江から逃れた「吉野」は、「九州佐賀の吉野」であり、「壬申の乱」は、白村江で捕虜となり、筑紫都督として送り返された「九州王朝の薩夜麻《さちやま》（後述）」と、九州に駐留する郭務悰ら唐の支援を受けた大海人（天武）による近江朝の打倒戦で、筑紫から東国まで、我が国全土を巻き込む大乱であるとされた。（注2）

また、ヤマト吉野から三重・美濃・不破に至る大海人皇子や高市皇子などの行程についても、当時の馬、特に途上で徴発した米を運ぶ「駄馬」の速度から、リアルではなく「作られた」ものだとした。

そうであれば、『書紀』の記事は、「地域的にも期間的にも戦乱のほんの一部」の記録をもとに「創作されたもの」となろう。

本稿では、乱の全体像は、唐の力を借りた筑紫都督薩夜麻・倭姫王という九州王朝側が、筑紫宗像君の血を引く高市皇子を最高司令官として、ヤマトの大海人とともに近江朝を倒し、全国の覇権を回復した戦いであることを述べる。

2、不自然な「壬申の乱」記事

まず不自然なのは「壬申の乱」の「日程」だ。『書紀』で大海人らは、

①天武元年（六七二）六月二十二日に、吉野から美濃国に兵を起こすよう指示する。

②六月二十四日に、婦女子含め四十人ほどで吉野を脱出し、「東国（伊賀・伊勢・美濃）」に入り（＊途発《みちた》ちて、東国に入らむとす）、高市皇子らを近江から召喚する。

③六月二十六日に、美濃国の兵三千人が不破道（現在の岐阜県不破郡関ケ原町付近とされる）を塞ぐ。高市皇子が不破関に入り、東海・東山の軍を指揮する。

④六月二十七日に、大海人は不破関に入り、そこに尾張の兵二万人が参戦する。

⑤七月二日〜二十三日にかけて、近江周辺で戦闘がおこり、七月二十二日に、琵琶湖南端の瀬田橋の戦いで大海人らは大勝、二十三日に、大友は自決して「乱」は終息する。

これが『書紀』に記す「壬申の乱」の戦闘記事の大要だ。ただし、このような進軍日程が実際のものとは考え難い。また白村江に派遣した兵が二万七千人で、尾張の兵はこれに匹敵する規模で、六月二十二日の指示から、わずか五日間で動員できるはずもない。従って、こうした記事が、後日に潤色・創作されたことは疑えない。

さらに不自然なのは、高市皇子と尾張の兵が不破の関に入った六月二十六日条に、近江側が「東国」に逃れようとした記事があることだ。

◆六月二十六日。是時に、近江朝、大皇弟東国に入ると聞き、群臣悉に愕《お》ぢて、京の内震動《さわ》ぐ。或は遁れて東国に入らむとし、或は退きて山澤に匿むとす。爰に大友皇子、群臣に謂《かた》りて曰はく、「何《いか》に計らむ」とのたまふ。臣進みて曰はく、「遅く謀《はか》らば後《おくれ》なむ。しかじ、急に驍騎《ときうまいくさ》を聚《あつ》めて、跡に乗りて逐《にげ》むには」といふ。皇子従はず。

大海人が「東国」に入るのは二十四日だが、六月二十六日条には不破関に美濃国の兵三千人が着いていたとする。不破関は近江の東方、美濃は東国なのだから、攻め入ろうとする「敵陣の方向」に逃れようとするのはいかにも不

自然だ。

こうした不自然さは、「壬申の乱」が『書紀』に記すような短期間の戦ではなく、その規模も「全国的な騒乱」であり、筑紫の「倭国（九州王朝）の本流」すなわち、①筑紫都督薩夜麻と近江から九州に逃れた倭姫王、九州に駐留する唐の郭務悰とその軍、及び彼らを頼んで九州吉野に赴いた大海人と、②近江の大友及び、天智時代に近江朝を担ってきた豪族・官僚らとによる、我が国の覇権を争う騒乱だったと考えれば理解できる。

3、薩夜麻不在の間ヤマトの中大兄が代わって倭国の政務を執る

六六一年六月に、九州王朝の天子「伊勢王（本書「倭国（九州王朝）略史」で解説）」が崩御したあと、倭国（九州王朝）の実権を握った筑紫君薩夜麻は、伊勢王の「専守防衛策」を放棄し、百済「遺臣」を支援するため半島に出撃し、大敗、自らも捕虜となる。『旧唐書』に白村江で「倭国酋長」が捕虜となったと記すが、当時唐に抑留された者で「酋長」に相応しいのは「筑紫君」とされる薩夜麻しかいないのだ。

薩夜麻不在中に我が国の政務を担ったのは、戦禍を避け、唐・新羅の進軍に備え九州から難波宮に避難していた倭姫王と、九州王朝の官僚群（＊大海人の次の言葉で「近江に有力な官僚・豪族が集結」していたことが分かる。「其れ近江朝には左右大臣、及び智謀《かしこき》群臣、共に議を定む、今朕、与に事を計る者無し。」）と、白村江後も、彼らを支える余力（資力・人力）を保持していたヤマトの王家の中大兄《なかのおおえ》（天智）だった。

中大兄は、斉明とともに筑紫朝倉には行くが、斉明崩御を理由に大和飛鳥に帰還する。そして、白村江戦に中大兄やその一族の名は無く、敗戦の打撃は少なかった。そのため地理的に①「近江宮」建設を担い、②白村江の「兵站」を担い、③近江・大和とその周辺地域の統治を行ったのはヤマトの王家と考えられよう。

一方、唐の捕虜となった薩夜麻は、唐の羈縻《きび》政策（＊「羈縻政策」とは、敗戦国の王を唐の官僚の「都督」に任命し、帰国させ「王」として引き続きその国の政務を執らせる政策を言う）により唐の官吏たる「都督」として、天智六年（六六

七）十一月「筑紫都督府」に帰還する。
◆天智六年十一月乙丑（九日）に、百濟鎮將劉仁願、熊津都督府熊山縣令上柱國司馬法聰等を遣し、大山下境部連石積等を「筑紫都督府」に送る。
『書紀』で薩夜麻は、天智十年（六七一）十一月筑紫に帰還したとある。しかし、同年正月の劉仁願の李守真等派遣記事は、劉仁願が三年前の天智七年（六六八）八月に雲南へ配流されているから、「三年以上の繰下げ」があると考えられる。石積等が唐から「筑紫都督府」に送られた六六七年は、六七一年の四年前にあたり、「都督府」に「都督」は不可欠だから、「都督薩夜麻」が帰還するに相応しい年次となる。従って、薩夜麻の実際の帰還は「天智六年（六六七）十一月」と考えられる。

４、倭姫王は九州王朝の姫王

しかし、「唐の官吏薩夜麻」に倭国（九州王朝）の政権を委ねることは、倭国が完全に唐の属国となることを意味し、唐と戦った官僚や豪族にとっては受け入れがたい。そこで、天智が九州王朝の倭姫王を娶り（或いは、「天智に倭姫王を娶らせ」）、摂政（或いは称制）による統治体制をとることとした。
①『書紀』天智七年（六六八）正月戊子（三日）に、皇太子、天皇に即位す。
②『書紀』同年二月戊寅（二十三日）に、古人大兄皇子の女倭姫王を立て、皇后とす。
倭姫王は「天智が謀反の罪で妃妾子等とともに殺した古人大兄の娘」とされるが、そうであれば天智が皇后とし、大海人が天智の後継天皇に推戴するのは不自然だ。
◆『書紀』天智十年（六七一）十月庚辰（十七日）（大海人）請ふ、洪業《ひつぎ》を奉《あ》げて大后に付属《さず》けまつらむ。（「天武即位前紀」陛下、天下を挙げて皇后に附《よ》せたまへ。）
「倭」はヤマトとは読めず、中国で「倭国」は九州王朝を指すから、倭姫王は「倭国（九州王朝）の姫王」という意味となる。倭姫王は天皇に推戴されるほどの重要人物であることは明らかだが、天智崩御後の記事は一切ない。

一方、薩摩『開聞古事縁起』では「大宮姫」という人物が六五〇年に薩摩で誕生し、太宰府を経て十三歳で「天智」の皇后となったが、天智十年（六七一）に近江の宮から逃れ（＊是に、大友皇子兵勢を催し、大宮姫を弑せんと欲し、衆兵を路次にめぐらす。）、大海人に見送られながら、伊勢阿濃津に至り、乗船し、西海を渡って六七二年に薩州頴娃《えい》郡に帰ったとされる。六五〇年生まれで十三歳は六六二年と伊勢王崩御の翌年、「大宮姫」と「倭姫王」は同一で、九州王朝の姫として、唐の都督となった薩夜麻に代わり倭国（九州王朝）の天子に推挙されるに相応しい人物と言えよう。

5、都督薩夜麻と唐郭務悰に支援を求め九州吉野に逃れた大海人

天智は、倭国（九州王朝）の本拠たる難波宮とは別に、自らが建設を担った近江宮で政務を執るが、六七一年に崩御。その後の倭国の統治は、大海人の推挙どおり、倭姫王側、即ち九州王朝に返上すべきだが、天智は倭姫王（九州王朝）と血縁の無い大友を指名した。倭姫王を天皇（実際は倭王）に推戴すべく動いた大海人は、倭姫王とともに難を九州に逃れる。そこには、筑紫都督薩夜麻と郭務悰等唐の使節や兵が駐留していた。

◆天武元年（六七二）三月己酉（十八日）内小七位阿曇連稲敷を筑紫に遣し、天皇の喪を郭務悰等に告ぐ。

九州佐賀には「吉野ヶ里・吉野山・吉野」などの吉野地名があり、嘉瀬川は上流に、人麻呂が万葉三十六番で「水激る 瀧の宮処」と歌うに相応しい「滝（雄淵の滝）」があり、下流沿いには「肥前国庁跡」が存在し、国庁前から川幅が広がり、「舟並めて 朝川渡る 舟競ひ 夕川渡る」と歌う「大宮人の舟遊び」に適しており、鑑真の上陸地とされ遣唐使船を浮かべる記念行事も行われている。そして、河口は大規模船団が停泊できる有明海に連なる。滝もなければ舟遊びもできず、「袋の鼠」になるような奈良吉野の宮滝付近とは全く異なる。

そして、『釈日本紀』には、天武が唐人から戦術を教わったとする記事がある。

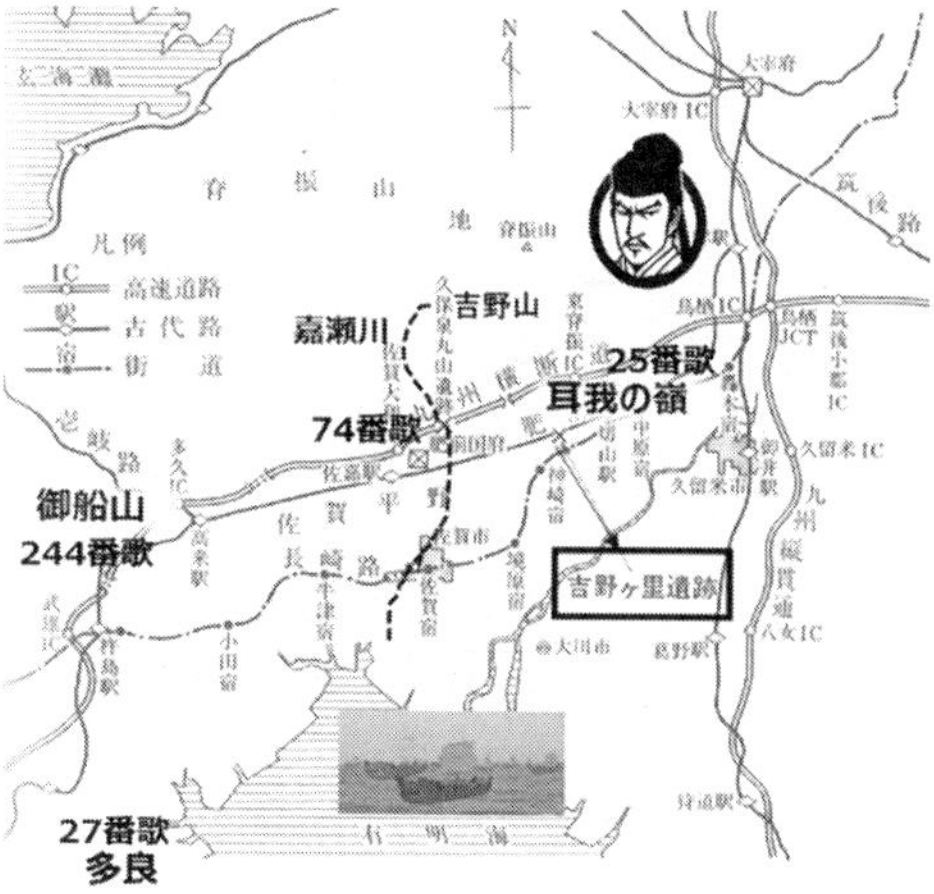

図1　大海人のたどった道

◆『釈日本紀』(調連淡海・安斗宿祢智徳等日記に云ふ)天皇、唐人等に問ひて曰はく、「汝の国は数《あまた》戦ふ国也。必ず戦術を知らむ、今如何」と。一人進み奏して言ふ、「厥《それ》唐国は先に覩者《ものみ》を遣し、以て地形の陰平及び消息を視さしむ。出師の方、或は夜襲、或は昼撃す。但し深き術は知らず」といふ。(＊壬申の乱で天武に従った舎人の日記)

大海人は、「奈良吉野」ではなく、都督薩夜麻のいる「筑紫都督府(太宰府)」から「佐賀なる吉野」に向かい、唐の郭務悰と軍に支援を要請したことになる。そして、万葉集には、これを裏付けるような歌がある(図1)。

(二十五番)「天皇(天武)の御製の歌」み吉野の　耳我《みみが》の嶺に　時なくぞ　雪は降りける　間無くぞ　雨は降りける　その雪の　時じきがごと　その雨の　間なきがごと　隈もおちず　思ひつつぞ来し　その山道を。

奈良吉野に「耳我の嶺」はない。一方、佐賀県の吉野ヶ里の東に「嶺(三根、上峰町)」(耳我は「尊く聳える」意味の嶺の枕詞。)。そこに太宰府につながる堤土塁がある。天武は「唐」の支援が得られるか不安の中で、佐賀なる吉野への道を歩んだ。その心境を歌ったものだった。(＊耳我の嶺は三二九三番で「御金が岳」に変えられている。)

(七十四番)「大行天皇、吉野の宮に幸しし時の歌」み吉野の　山の嵐の　寒けくに　はたや今夜も　わが独り寝む(右一首或いは云はく、天皇の御製)

この歌は、文武が大宝元年(七〇一)二月二十日～二十七日に吉野宮に行幸した時の歌とされる。しかし、この年の正月には「文物の儀、是に備われり」という、盛大な即位式典が挙行され、三月二十一日には「大宝年号」が建元される。いわば、文武の最も誇らしい時期だ。この歌の「山嵐・夜寒・一人寝」の語を連ねた侘しい曲趣は、

図2 御船山

そうした時期に全く相応しくなく、「雪・雨」の中を吉野に赴く際の二十五番歌と共通している。

しかも、「大行天皇」は、万葉歌では「文武のこと」とされているが、一般には「崩御した天皇」を意味する。そして、題詞に「大行天皇」とある他の歌は、忍坂部乙麻呂など「他人の作」なのに、これだけが「或いは云はく、天皇の御製」とされる。こうしたことから、七十四番歌は二十五番歌に続き、大海人が吉野の道を辿る時に作った歌だと考えられよう。

（二百四十四番）み吉野の御船の山に立つ雲の　常にあらむとわが思はなくに。

題詞に「弓削皇子遊吉野時の歌」とあるが、奈良県吉野郡吉野町樫尾の「御船山」は、何ら特色もないし伝承もない。一方、肥前街道を上峰町から西に進んだ佐賀県武雄市に「御船山」があり、一見明白「船の形」をしている（図2）。

そして、御船山は唐の船団の駐留する有明海の「多良（佐賀県藤津郡太良町多良）」に向かう行程上に位置する。二百四十四番歌は、大海人が唐の支援が得られるか不安な中で、佐賀吉野から御船山を通り多良に向かった時の心情を表す歌に相応しい。

また、「難解」とされる二十七番歌も、悩みながら多良に着いて、駐留していた唐の郭務悰から、支援を取り付けることが出来た、その喜びを表した歌だとすればよく理解できよう。奈良吉野と多良人は何の関係もないのだ。

（二十七番）淑き人の　よしとよく見て　好《よし》と言ひし　吉野よく見よ　多良人よく見。（淑人乃　良跡吉見而　好常言師　芳野吉見与　多良人四来三）

・淑人君子たる郭務悰は、支援要請に応え、「好《はい》」と承諾された。吉野の人・多良の人、よく見届けておいてくれ、というもので、「淑人」も「好」も中国人に対する言葉に相応しい。

そして、『詩経』（注3）に「淑人君子」を讃える「鳲鳩《しきゅう》在桑歌」がある。

◆鳲鳩（郭公）桑に在り、其の子は棘《きょく》（棗）に在り。淑人君子　其の儀に違わず　四国を正す。
・郭公は桑に巣を作る。その子は棘（棗）の木に育つ。有徳の君子は大義に従い諸国を正しく導く。
◆鳲鳩桑に在り、其の子は榛《しん》（ハシバミ）に在り。淑人君子　是れ国人を正す　胡《なん》萬年ならざらん。
・郭公は桑に巣を作る。その子は榛の木に育つ。有徳の君子は人々を正しく導き、万年を安んじることが出来る。
　万葉二十七番歌の典拠が『詩経』であれば、大海人は「郭務悰」を国を助け安んじる君子だと褒めたたえたことになる。（＊本来「鳲鳩在桑歌」は孔子が弟子たちに心構えを説いた歌と解釈できる。）

6、「二つの東国」が示す「壬申の乱は全国的騒乱」

　そして、大友側の、我が国全域に「味方するよう勅使を派遣した」（「苻」は天子・朝廷の命を示す）対応を見れば、「壬申の乱」が、『書紀』に記すような近畿に限定した戦いではなく、全国を巻き込んだ大乱だったことがわかる。
①【東国】則ち韋那公磐鍬・書直藥・忍坂直大摩侶を以て、東国に遣す。
②【大和】穂積臣百足・弟五百枝・物部首日向を以て、「倭京」に遣す。
③【西国】且つ、佐伯連男を筑紫に遣し、樟使主盤磐手を吉備国に遣して、並びに悉に兵を興さしむ（兵を徴発）。仍りて、男と磐手に謂ひて、曰く、「其の筑紫大宰栗隅王と吉備国守當摩公廣嶋の二人、元より大皇弟に隷《つ》きまつること有り。疑は反くこと有らむか。若し不服色《まつろはぬけしき》あらば、即ち殺せ。」とのたまふ。
（吉備）磐手、吉備国に到り苻《おして》を授《たま》ふ日に、紿《あざむ》きて廣嶋に刀を解かしむ。磐手、乃ち刀を抜き殺しつ。

（筑紫）男、筑紫に至る。時に栗隈王、苻を承けて対へて曰さく、「筑紫国は、元より邊賊の難を戍《まも》る。（略）輙《たやす》く兵を動さざることは、其れ是の縁なり」とまうす。時に栗隈王の二の子、三野王・武家王、剣を佩きて側に立ちて退くこと無し。是に、男、剣を按《とりしば》りて進まむとするに、還りて亡されむことを恐る。故、事を成すこと能はずして、空しく還りぬ。

筑紫・吉備への遣使は佐賀吉野に赴いた天武への対抗措置であり、大友皇子側が恐れたのは、大海人が唐と筑紫の勢力を味方につけ、「九州から見た東国」すなわち畿内・近江に攻め上ることだった。

先に「敵陣の方向の『東国』に逃れるのは不自然」と述べたが、「近江朝、大皇弟東国に入ると聞き」という「東国」とは、「西」の九州から見ての「東」、即ち「畿内」のことであり、近江側が「東国」に逃れようとしたという「東」は韋那公らを遣した「近江から見た東国」だった。近江朝は、大海人らが九州を発した情報を得て、いち早く近江から東国へ脱出を図ろうとしたと理解できよう。

しかし、既に美濃はじめ「東国」には、大海人（実際は九州王朝）側から参戦が要請され、戦の準備が進んでいたことが、美濃や尾張の大軍が速やかに参戦したことから分かる。大友側は既に逃れるすべはなく、近江で戦わざるを得ない状況だった。大友はこれを理解していたから、無駄だと悟り逃亡せず（「皇子従はず」）自決に及んだことになる。

7、実際の最高司令官（「乱」の指揮者）は九州王朝系の高市皇子だった

「壬申の乱」が、単なるヤマトの王家の跡目争いでなかったのは、白村江に匹敵する軍が動員されていることに加え、実際の指揮を執ったのが筑紫宗形君徳善の娘、尼子娘を母とする「高市皇子」だったことからも理解できる。

高市皇子は天武の長子とされ、壬申の乱でもその活躍は群を抜いており、最も皇位に近いはずだが、なぜか『書紀』では常に草壁皇子・高木皇子より下位に位置付けられる。九州最大の石室を持ち、多数の宝物が発見されている宮地嶽古墳は、宗形君徳善の墳墓といわれているように、高市皇子は明らかに九州王朝の高位の血統に属する。実際の高市皇子はヤマトの王家の側ではなく、九州王朝側の人物として戦ったのではないか。

このことを示すように、『書紀』は乱の戦闘の全てを大海人が命じたように記すが、実際は高市皇子の事績に「命・遣」の一字を付加し主語を大海人に入れ替えたことが分かる。

「命高市皇子號令軍衆」は、本来「高市皇子宣近江群臣犯狀」という、次のような記事だったと考えられる。

①【高市皇子、和蹔で軍衆に號令す】高市皇子は和蹔原《わざみはら》（関ケ原）に結集した軍を掌握した。

②【高市皇子、不破に軍事を監す】高市皇子は不破に行き軍事を監督。美濃の軍三千で不破道を塞ぐ。山背部小田・安斗連阿加布を遣し東海軍をおこす。又稚櫻部《わかさくらべ》の臣五百瀬《いほせ》・土師《はじ》の連馬手を遣し東山軍をおこす。

次の記事は、実際の「命令権者」は高市皇子だったことを示している。

③【高市皇子は諸臣・豪族を召喚】高市皇子の命により、穂積臣百足を小墾田兵庫に喚す。

「天武が命じて行った」とされる「論功行賞」も本来は高市皇子の事績だと考えられる。

④『書紀』天武元年（六七二）八月甲申（二十七日）、高市皇子に命して近江の群臣の犯狀《あやまつさま》を宣らしむ。

この「命高市皇子宣近江群臣犯狀」も、本来は「命」の無い「高市皇子宣近江群臣犯狀」だったと考えられるが、そもそも、戦の論功行賞を行うことが出来るのは「戦を起こした最高指揮官」だ。これを大海人本人でなく、高市皇子が行ったことは記事から確かであり、このこと自体が、「壬申の乱」は、九州王朝と、その血統に属する高市皇子によって遂行されたことを示している。

『書紀』はこうした事実を隠すため、このように「命・遣」の一字を付加し、主語を大海人・天武天皇に変え、天武を英雄に仕立て上げたのだ。

「壬申の乱」は、白村江敗戦で九州王朝が混乱したのを契機とし、九州王朝の倭姫王を娶り近江で実権を握ったヤマトの王家が、天智死亡後も、倭姫王を排除し、権力を握り続けようとしたのに対し、これを許さず権力の回復を図った九州王朝が、倭姫王の推戴を主張した大海人とともに近江の大友を倒した全国的騒乱だった。『旧唐書』に記す「漢に臣従した倭奴国」以来の我が国の代表者だった倭国（九州王朝）の、唐を後ろ盾にした要請だったから、吉備や美濃はじめ各国はこれに従い、近江の要請を拒否して、大量の軍を動員したことになろう。

【注】

（注1）「倭姫王」は、通常「やまとひめおおきみ」と読むが、「倭」はヤマトとは読めず、『旧唐書』では、漢の光武帝から金印を下賜されて以来、歴代中国王朝と交流してきた九州の「倭国」、即ち九州王朝を示す。従って本来は「倭国の姫王」というべきだろう。

（注2）古田武彦『壬申大乱』（東洋書林二〇〇一年、ミネルヴァ書房二〇一二年復刊）ほかによる。

（注3）『詩経』は、儒教の経典（経書）の一つで、春秋戦国時代から伝わる中国最古の詩篇。大友皇子・大津皇子などの詩が収録された『懐風藻』（七五一）に、その影響が見えることから、遅くとも七世紀中葉には伝来していたと考えられる。

柿本人麿が詠った両京制
――大王の遠の朝庭と難波京――

古賀達也

一、はじめに

古田万葉三部作[注1]の人麿歌の史料批判について精読したところ、古田万葉論の〝根本ルール〟とされた「大王」の解釈（大王≠天子・朝廷）に疑問を感じた。たとえば次の歌の大君（大王）は、古田説では近畿天皇家の持統のこととされてきた。[注2]

【『万葉集』巻三　304】
大君（大王）の遠の朝廷とあり通ふ島門を見れば神代し思ほゆ
［題詞］柿本朝臣人麻呂下筑紫國時海路作歌二首
［原文］大王之 遠乃朝庭跡 蟻通 嶋門乎見者 神代之所念

その理由は次のようである。

（1）「遠《とお》の朝廷《みかど》」とは筑紫の九州王朝（倭国）の都（太宰府）のことであり、そこにいるのは「大王」ではなく、天子だ。
（2）従って、この歌の「大王」は九州王朝の天子ではなく、近畿の持統のことである。
（3）中国の歴史では朝廷に居するのは天子であり、大王はその下位にある。このことからも（1）（2）の理解は妥当。

この〝根本ルール〟に基づき、『万葉集』に見える「大王《おおきみ》」を近畿の天皇のこととした。古田氏の万葉三部作は〝根本ルール〟で貫かれている。そのため、人麿歌の「大王の遠の朝廷」を「大王である持統が仕えた筑紫の天子の遠の朝廷」と解釈した。しかしながら、この「持統が仕えた筑紫の天子」部分は歌自身にはなく、九州王朝説と〝根本ルール〟に基づく解釈だ。

大和から遠くはなれた筑紫の朝廷（遠の朝廷）と人麿が歌う限り、冒頭の「大王」は大和の「大王」（持統）とするほかない。もし、この「大王」を九州王朝の天子とするのであれば、「遠の」という言葉は不要で、「大王の朝廷」で充分だからだ。恐らく古田氏もこうした事情から、「大王」（近畿）と「遠の朝廷」（筑紫）を切り離して理解したものと思われる。そして、その根拠としたのが中国史書での「天子」と「大王」の区別だ。しかし、万葉歌で「大王」という言葉がどのような意味で使用されているのかは、『万葉集』そのものの用例に従って理解するべきである。

本稿では、『万葉集』に見える「大王」に九州王朝の天子を指す例があること、「大王の遠の朝庭」が筑紫と難波の両京制を前提とした表現であることを論じた。

二、人麿歌の「大君の遠の朝庭」

『万葉集』には「遠の朝庭」という表現を持つ歌が六作品ある。(注3) そのうちの人麿歌に見える「遠の朝庭」が筑紫なる九州王朝の都（太宰府）であることを古田氏は『人麿の運命』で明らかにした。

通説では「大王」を近畿の天皇、「遠の朝庭」を地方の役所と理解し、筑紫も地方の役所の一つとする。従って両者の関係に矛盾は生じない。近畿なる天皇から見て、遠方の役所とできるからだ。しかし、古田氏が指摘したように、そうであれば全国各地の役所が「遠の朝庭」という表記で『万葉集』に現れなければならないが、それはない。従って、「大王」から見て遠方（筑紫）なる「遠の朝庭」（太宰府）と解するのが妥当である。しかし、そうすると「大王」は「遠の朝庭」（太宰府）から遠く離れた地（大和）にいることになり、「大王」を大和の持統と解するほかない。古田万葉三部作が発表された当時（一九九四～二〇〇一年）の研究状況ではこう考えるしかなかった。

ところが、前期難波宮九州王朝複都説や九州王朝系近江朝説、そして近年では藤原京に九州王朝の天子がいたとする仮説までが登場し、事態は一変した。拙稿の太宰府（倭京）と難波京の両京制によれば、難波京に居た九州王朝の天子「大王」の「遠の朝庭」（太宰府・倭京）との理解が成立する。この仮説に立てば、「大王の遠の朝庭」歌に書かれてもいない解釈〝持統（大王）が仕えた筑紫の天子の朝廷〟ではなく、そのまま読んで歌を理解することが可能だ。

三、中皇命への献歌「我が大王」

古田説の万葉歌の「大王」解釈は不自然。その最たるものが〝中皇命への献歌〟とされた次の歌だ。

「やすみしし 我が大君（大王）の 朝には 取り撫でたまひ 夕には い寄り立たしし み執らしの 梓の弓の 中弭の 音すなり 朝猟に 今立たすらし 夕猟に 今立たすらし み執らしの 梓の弓の 中弭の 音すなり」『万葉集』巻一 3

〔題詞〕天皇遊猟内野之時中皇命使間人連老獻歌

〔原文〕八隅知之 我大王乃 朝庭 取撫賜 夕庭 伊縁立之 御執乃 梓弓之 奈加弭乃 音為奈利 朝猟尓 今立須良思 暮猟尓 今他田渚良之 御執能 梓弓之 奈加弭乃 音為奈里

二十数年前のこと。古田氏と万葉歌の原文の訓みについて検討したことがあった。たとえば「大王」「王」「皇」を通説では全て「おおきみ」と訓まれているが、古田氏はそのことに疑問を抱き、特に「皇」の訓みについて意見を求められた。わたしは「すめみま」を提案したが、氏は思案された結果、「すめろぎ」がよいとされたようだ。また、中皇命が間人連老に作らせたと題詞にあるこの歌を検討していたとき、次のやりとりがあった。

古賀「〝朝《あした》には〟と読まれている『朝庭』は、〝遠の朝廷《みかど》〟と同様に〝みかど〟と訓むのはどうでしょうか。ただし、〝みかど〟では五字になりませんが。」

古田「なるほど、『朝庭』という原文に意味があると考えるべきですね。そうすると〝夕《ゆうべ》には〟とされる『夕庭』も『朝庭《みかど》』の対句と考える必要がありそうです。」

この会話に基づく、次の現代語訳を古田氏は『古代史の十字路』で発表した。

「八方の領土を支配されるわが大王の（お仕えになっている）その天子様は、弓を愛し、とり撫でていらっしゃる。その皇后さまは、天子さまにより添って立っていらっしゃる。

その御手に執っておられる梓弓の、那珂作りの弓の音がするよ。

朝の狩りに、今立たれるらしい、夕の狩りに今立たれるらしい、その御手に執っておられる梓弓の、那珂作りの弓の音がするよ。」『古代史の十字路』一九〇頁

氏は「わが大王」を舒明天皇とし、「朝庭」を「朝には《みかど》」、「夕庭」を「夕には《きさき》」と訓み、中皇命を九州王朝（倭国）の天子とした。中皇命を九州王朝の天子とすることには賛成だが、その天子の面前で舒明天皇のことを「やすみし我が大君」（八方の領土を支配されるわが大王）と表現することには疑問を覚えざるを得ない。というのも、八方の領土を支配しているのは九州王朝の天子の中皇命であり、大和の一豪族である舒明ではないからだ。ここでも、「大

王」は「天子（朝廷）」ではないとする〝根本ルール〟により、こうした解釈に至らざるを得なかったのだ。

やはり歌そのものに見える語句（原文）の読解を優先し、「やすみしし 我が大君（中皇命）の 朝《みかど》には」とする解釈が穏当である。しかも、九州王朝の中皇命（天子）が間人連老（宮廷歌人か）に献上させた歌に、近畿の舒明天皇の存在を読み込む必要はない。

四、「大王≠天子」説批判の先行説

『万葉集』三番歌の「我が大王」を九州王朝の天子「中皇命」とする見解には先行説があった。正木裕氏（古田史学の会・事務局長）が二〇一三年に関西例会で発表した〝万葉三番歌と「大王≠天子」について〟である。

正木氏は古田万葉論について「画期的な古田氏の万葉三番歌の解釈」と評価した上で、「九州王朝の天子は大王と呼ばれていた」とした。その理由として次のように指摘した。

〝中国の名分では天子は唯一の存在で、夷蛮の王は高々大王だが、九州王朝の天子多利思北孤は自ら「天子」を称していた。また伊予温湯碑では「法王大王」とある。また、『後漢書』では「大倭王」とされているから天子＝大王だ。

そして「大王≠天子」なら、万葉歌には「大王」「王」「皇」などはあっても「天子」は存在しないから、九州王朝の天子を歌った万葉歌は存在しないこととなる。〟

これはもっともな指摘で、結論として正木氏は次のように述べる。

〝万葉三番歌は、九州王朝の天子「中皇命」が大宰府近郊の「内野」で猟を行った時に臣下の「間人連老」が奉った歌となるのだ。〟

この結論に賛成である。なお、正木氏は「朝庭」と「夕庭」は通説通り、「あしたには」「ゆうべには」と訓むべきとした。この点については古田説のように「みかどには」「きさきには」と訓んでもよいと思う。ただし、その場合の「朝《みかど》」「夕《きさき》」は人の呼称とするよりも、本来は天子と皇后の居所の名称と考えられる。たとえば「お殿様」「御屋形（親方）様」「東宮様（皇太子のこと）」などが、権力者の居所名をその権力者の呼称とした用例だ。従って、「きさき」の語源も皇后の居所に由来するのではあるまいか。

いずれにしても、この歌の「大王」を舒明とする古田氏の解釈は、題詞に見える「天皇」を舒明としたことによるもので、歌そのものからの解釈とは言い難い。

五、万葉仮名「オオキミ」の変遷

万葉歌に見える「大王」を別の視点から考察する。それはオオキミという倭語にどのような漢字が当てられたのか、その変遷についての検討だ。たとえば、万葉歌の「大王」は倭語のオオキミの意味に対応する漢単語の訓読み表記だ。万葉仮名の原初形は一字一音の漢字表記であり、その痕跡が次の万葉歌に遺っている。

【巻三　0239】
やすみしし 我が大君（大王）高照らす 我が日の御子の 馬並めて 御狩り立たせる 若薦を 狩路の小野に 獣こそば い匍ひ拝め 鶉こそ い匍ひ廻れ 獣じもの い匍ひ拝み 鶉なす い匍ひ廻り 畏みと 仕へまつりて ひさかたの 天見るごとくまそ鏡 仰ぎて見れど 春草の いやめづらしき 我が大君（於富吉美）かも

［題詞］長皇子遊猟路池之時柿本朝臣人麻呂作歌一首［并短歌］

【巻三　0240】
ひさかたの天行く月を網に刺し我が大君（大王）は蓋にせり

［題詞］反歌一首

長歌末尾の「我が大君かも」（吾於富吉美可聞）の「於富吉美」がそれだ。冒頭の「やすみしし我が大君」には「大王」が採用されており、音読み表記（於富吉美）と訓読み表記（大王）が混在した例だ。ちなみに、この歌の「大王」「於富吉美」を古田氏は「甘木（天歸）の大王」とした。（注4）そして、この「甘木の大王」を「九州王朝の王者」と表現したのだが、「九州王朝の天子」とはされていないようだ。先生の〝根本ルール〟「天子≠大王」によれば「甘木の大王」は九州王朝の天子ではなく、その下にいた複数の大王の一人ということになるようだ。

この歌は人麿が九州王朝の宮廷歌人として作歌したものと思われるが、九州王朝の天子「中皇命」が「大王」と表記されていたのであれば、「甘木の大王」も九州王朝の天子ではあるまいか。

六、万葉仮名「キミ」の変遷

万葉歌の「オオキミ」表記に次いで、「キミ」について考察する。キミが倭王やその妃の呼称とされていたことが『隋書』俀国伝に見える。多利思北孤のことを「號阿輩雞彌」（阿輩のキミ＝わが君）、妻を「王妻號雞彌」（雞彌＝キミ）としており、王や妃をキミと呼んだことがわかる。すなわち、倭国では高貴な人物をキミと呼んでいた。その中でも最高権力者にはオオを付してオオキミと呼び、その漢字表記として「於富吉美」「大王」が万葉歌に見える。キミも同様で、一字一音表記として次の例が『万葉集』にある。

【巻五　0860】
松浦川 七瀬の淀は淀むとも 我れは淀まず 君（吉美）をし待たむ
【巻五　0865】
君（伎弥）を待つ 松浦の浦の娘子らは 常世の国の 海人娘子かも
【巻五　0867】

君（枳美）が行き 日長くなりぬ奈良道なる 山斎の木立も 神さびにけり

このようにキミに「吉美」「伎弥」「枳美」の字をあてている。訓読みとしては「君」が多用されているが、「公」もある。他方、オオキミのキミ部分に「皇」を使った「大皇」という表記も見える。

【巻三 0441】
大君（大皇）の 命畏み大殯の 時にはあらねど 雲隠ります

【巻三 0460】
栲《たく》づのの 新羅の国ゆ 人言を よしと聞かして 問ひ放くる 親族兄弟 なき国に 渡り来まして 大君（大皇）の 敷きます国に うち日さす～

この二首はいずれも八世紀の大和朝廷の時代（神亀六年、天平七年）に詠まれた歌だが、近畿天皇家が「天皇」を称していたこともあって、オオキミのキミの字に「皇」の字を使用したのかもしれない。

七、八世紀の「大王」と「天皇」

万葉歌には「天皇」が使用されている歌がある。次の人麿歌だ。題詞によれば、日並皇子（草壁皇子）が亡くなったときに詠んだもので、持統三年（六八九）のことになる。

【巻二 0167】
天地の 初めの時 ひさかたの 天の河原に 八百万 千万神の 神集ひ 集ひいまして 神分り 分りし時に 天照らす 日

女の命〔一云 さしのぼる 日女の命〕天をば 知らしめすと 葦原の 瑞穂の国を 天地の 寄り合ひの極み 知らしめす 神の命と 天雲の 八重かき別きて〔一云 天雲の八重雲別きて〕神下し いませまつりし 高照らす 日の御子は 飛ぶ鳥の 清御原の宮に 神ながら 太敷きまして すめろき（天皇）の 敷きます国と 天の原 岩戸を開き 神上り 上りいましぬ〔一云 神登り いましにしかば〕我が君（王）皇子の命の 天の下 知らしめしせば 春花の 貴くあらむと 望月の 満しけむと 天の下 食す国 四方の人の 大船の 思ひ頼みて 天つ水 仰ぎて待つに いかさまに 思ほしめせか つれもなき 真弓の岡に 宮柱 太敷きいまし みあらかを 高知りまして 朝言に 御言問はさぬ 日月の 数多くなりぬれ そこ故に 皇子の宮人 ゆくへ知らずも〔一云 さす竹の 皇子の宮人 ゆくへ知らにす〕

〔題詞〕日並皇子尊殯宮之時柿本朝臣人麻呂作歌一首〔并短歌〕

「すめろきの 敷きます国」の原文は「天皇之 敷座國」。また、「飛ぶ鳥の 清御原の宮に」（飛鳥之 浄之宮尓）とあり、大和の飛鳥が舞台だ。更に「高照らす 日の御子」（高照 日之皇子）や「我が大君 皇子の命」（吾王 皇子之命）、「皇子の宮人」（皇子之宮人）とあり、「飛鳥」の「浄之宮」に「天皇」や「皇子」がいたことがわかる。この「天皇」「皇子」呼称は、飛鳥宮遺跡から出土した「天皇」「皇子」木簡と対応しており[注5]、七世紀後半の飛鳥宮にいた天武や持統らがナンバーツーとしての「天皇」を名のっていたことを人麿の歌も証言していたことになり、貴重だ。

ちなみに、この歌に対する古田氏の解釈は変化している。『人麿の運命』（一九九四年）ではこの歌の「天皇」を持統天皇とし、舞台も大和飛鳥としたが、『壬申大乱』（二〇〇一年）では九州王朝の「筑紫飛鳥」での歌とし、「天皇」を「あまつ、すめろぎ」と解し、通例の用法の「天皇」ではないとした。

九州王朝から大和朝廷の時代（八世紀）になると、大和朝廷はナンバーワンとしての「天皇」や「天子」「皇帝」（『養老律令』「儀制令第十八」[注6]）を称している。他方、同じ八世紀成立の万葉歌には、それらナンバーワン「天皇」に対して「大王」が使用されている。

【巻一　0077】

［題詞］（和銅元年戊申／天皇御製）御名部皇女奉和御歌

吾が大君（大王）ものな思ほし皇神の 継ぎて賜へる 我なけなくに

【巻六　0956】

［題詞］帥大伴卿和歌一首

やすみしし 我が大君（大王）の 食す国は 大和（日本）もここも 同じとぞ思ふ

【巻六　1047】

［題詞］悲寧樂故郷作歌一首［并短歌］

やすみしし 我が大君（大王）の 高敷かす 大和（日本）の国は すめろきの 神の御代より 敷きませる 国にしあれば 生れまさむ 御子の継ぎ継ぎ 天の下 知らしまさむと 八百万 千年を兼ねて 定めけむ（中略）奈良の都を 新代のことにしあれば 大君（皇）の 引きのまにまに 春花の うつろひ変り 群鳥の 朝立ち行けば さす竹の 大宮人の 踏み平し 通ひし道は 馬も行かず 人も行かねば 荒れにけるかも

【巻六　1050】

［題詞］讃久邇新京歌二首［并短歌］

現つ神 我が大君（皇）の 天の下 八島の内に 国はしも（中略）うべしこそ 吾が大君（大王）は 君ながら 聞かしたまひて さす竹の 大宮ここと 定めけらしも

このように近畿天皇家が日本国のナンバーワン「天皇」や「天子」「皇帝」を称したとき、万葉歌では伝統的な古称「大王」を歌人たちは使用しており、「大王≠天子（天皇）」という〝根本ルール〟は採用していない。万葉歌には「おおきみ」という倭語に対して「大王」という表記が使用され、その伝統は九州王朝時代に遡る。八世紀の大和朝廷の歌人たちは、この古称表記を受け継いだのだ。

八、「遠の朝庭」と「筑紫本宮」

本稿の発端となった人麿の歌「大王の遠の朝庭」を、わたしは次のように理解した。

（i）「朝庭」を筑紫の朝庭とする古田氏の理解は妥当。
（ii）「大王」は「遠の朝庭」（太宰府）から遠く離れた地にいる。
（iii）「大王の遠の朝庭」とあるからには、「遠の朝庭」は「大王」の「朝庭」である。
（iv）この歌の時代が七世紀であれば、「大王」も「遠の朝庭」も九州王朝（倭国）のことと考えざるを得ない。
（v）八世紀の歌であれば大和朝廷の「大王」（天皇）のこととなるが、筑紫（太宰府）に大和朝廷が自らの「朝庭」を置いたことはない。
（vi）従って、「遠の朝庭」は筑紫にある九州王朝の「朝庭」のことであり、「大王」は九州王朝の天子であり、このとき筑紫から遠くはなれた〝近つ朝庭〟とでも言うべき所に九州王朝の「大王」（天子）はいたと考えられる。(注7)
（vii）以上のような、この歌の解釈に整合するのが九州王朝の両京制(注8)という概念である。

この両京制の両京とは筑紫太宰府（倭京）と前期難波宮（難波京）のことである。ここで思い起こされるのが、「洛中洛外日記」七七七話（2014/08/31）〝大宰帥蘇我臣日向〟などで紹介した『二中歴』「都督歴」に見える次の記事だ。(注9)

「今案ずるに、孝徳天皇大化五年三月、帥蘇我臣日向、筑紫本宮に任じ、これより以降大弐国風に至る。藤原元名以前は総じて百四人なり。具《つぶさ》には之を記さず。（以下略）」〈古賀訳〉

鎌倉時代初期に成立した『二中歴』「都督歴」には、藤原国風を筆頭に平安時代の「都督」六十四人の名前が列挙されており、それ以前の「都督」の最初を孝徳期の「大宰帥」蘇我臣日向とする。

ここに見える「筑紫本宮」は、筑紫本宮以外の地に「別宮」があったことを前提とする表記であり、「別宮」とは前期難波宮（難波別宮）ではあるまいか。あるいは「本薬師寺」と「新薬師寺」のように、「本宮」に対応するのは「新宮」と考えれば、七世紀前半（九州年号の倭京元年、六一八年）に造営された太宰府条坊都市（倭京）「筑紫本宮」に対し、七世紀中頃（九州年号の白雉元年・六五二年）に造営された前期難波宮（難波京）を「難波新宮」とするのは妥当である。

なお、この両京制は首都とその代替・予備都市としての副都というよりも、権威の都（倭京・筑紫本宮）と権力の都（難波京・難波新宮）のように、評制による全国統治のための機能分離によるものと思われる。〔令和四年（二〇二二）八月五日、筆了〕

【注】

（注1）古田武彦『人麿の運命』原書房、一九九四年。
同『古代史の十字路』東洋書林、二〇〇一年。
同『壬申大乱』東洋書林、二〇〇一年。
（注2）同『人麿の運命』ミネルヴァ書房版「消えゆく『遠の朝庭』」二二九～二三二頁。
（注3）『万葉集』に次の「遠の朝庭」歌が見える。※（）内は原文の字。
【巻三　304】
大君（大王）の遠の朝廷とあり通ふ島門を見れば神代し思ほゆ
【巻五　794】
［訓読］大君（大王）の 遠の朝廷と しらぬひ 筑紫の国に 泣く子なす 慕ひ来まして 息だにも いまだ休めず～
【巻六　973】
食す国の 遠の朝廷に 汝らが かく罷りなば 平けく 我れは遊ばむ～
【巻十五　3668】
大君（於保伎美）の遠の朝廷と思へれど日長くしあれば恋ひにけるかも
【巻十五　3688】

天皇（須賣呂伎）の 遠の朝廷と 韓国に 渡る我が背は～

【巻二十　4331】

大君（天皇）の 遠の朝廷と しらぬひ 筑紫の国は 敵守る おさへの城ぞと 聞こし食す～

（注4）古田武彦『古代史の十字路』東洋書林、二〇〇一年、「《特論二》甘木の人麿挽歌」二七七頁。

（注5）古賀達也「洛中洛外日記」二三五六話（2021/01/23）〝『飛鳥宮跡出土木簡』で「皇子」検証〟において、「天皇」「舎人皇子」「穂積皇子」「大伯皇子」（大伯皇女のこと）「大津皇」「大友」と記された木簡の出土を紹介した。

（注6）『養老律令』「儀制令第十八」に次の規定がある。

「天子。祭祀に称する所。」「天皇。詔書に称する所。」「皇帝。華夷に称する所。」「陛下。上表に称する所。」

（注7）「近つ飛鳥」「遠つ飛鳥」、「近つ淡海」「遠つ淡海」のように、「遠」に対応するのは「近」であり、「遠の朝庭」に対応するのは「近つ朝庭」だ。従って「近つ朝庭」の存在がなければ、「遠の朝庭」という表現は成立し難いのではあるまいか。

（注8）古賀達也「洛中洛外日記」二六六三～二六八一話（2022/01/16～02/11）〝難波宮の複都制と副都（一）～（十）〟

（注9）同「洛中洛外日記」六五五話（2014/02/02）〝『二中歴』の「都督」〟

同「洛中洛外日記」七七七話（2014/08/31）〝大宰帥蘇我臣日向〟

同「『都督府』の多元的考察」『発見された倭京―太宰府都城と官道』（『古代に真実を求めて』第二十一集）明石書店、二〇一八年。

【コラム②】

年縞博物館と丹後王国

萩野秀公

令和四年六月十二、十三日（月火）の一泊二日で、「若狭年縞《ねんこう》博物館」の見学と、丹後王国の遺跡と思われる巨大古墳や、〈もう一つの天孫降臨伝承地〉の籠《この》神社、当地の郷土博物館や浦島神社等を巡ったので報告します。

一、水月湖と「若狭年縞博物館」

今回の紀行中でまず報告したいのは、年縞博物館の〈年縞〉の「奇跡的な存在」と、その出来上がった経緯・仕組みです。同館では、わざわざ案内ガイドがついてくれ、限られた時間の中で、確認したい点などを非常に要領よく説明・案内をしていただきました。時間にして四、五十分、私には感動の連続でした。

先ず、〈年縞〉とは、福井県若狭の三方五湖の「水月湖の特殊性」で偶然にできた、七万年にも及ぶ堆積層の縞《しま》模様のことです。これと類似したものが、世界には各地で既に研究されているそうですが、七万年もの間途切れることなく連続して形成されている例は他に類がなく、世界中の研究者から注目の的になっているとの事でした。

そして、何故このような途方も無く長い期間にわたり、縞模様が継続したのか、それを作った水月湖《すいげつ》の特殊性と、その特殊性が複数重なり合う偶然とは、どのような仕組みであるのかなど、私なりに理解したことを簡潔に書き綴ってみたいと思います。

◆「水月湖の特殊性」

1、水深が深くかき混ぜの無い湖底

水深三十四メートルと海岸沿いの湖にしては深い湖で、その水深部が無酸素状態の為に魚や水生昆虫・ゴカイ類などが住めない環境にあり、季節の堆積物の差によって年縞が出来上がるのですが、その静かな沈殿の妨げになる〈かき混ぜ〉が無いことです。

2、河川からの直接流入が無い

更に水月湖が三方五湖の内、中湖に当る為に、河川から土砂などの直接流入が無く、又、汽水湖でもあり、海からの流入もあると言う事ですが、言い換えればどちらからの流入も緩やかで、流れに拠る湖底への影響が殆ど無い環境がキープされていること。

3、強風の影響を受けにくい地形

又、三方を小高い山々に囲まれていて強風の影響を受けにくいことも年縞環境を保全したものと思われます。

4、湖底が下がる奇跡の湖

そしてこれこそが七万年の秘密、と理解したことですが、水月湖では、近くの断層に伴う地形の沈み込みによって、この長大な期間を通して湖底は計四十五メートル下がり、沈殿物がある中でも一定の水深がキープされてきました。これはまさに奇跡的で、年縞製造の為の湖と言っても過言ではありません。

その成果が、博物館の目玉となっている、高さ四十五メートルに積み重ねられた年縞です。その向きを横に入れ替えて、博物館の端から端まで展示されている様は、実に圧巻でした。

1～4の特殊性を、水月湖が偶然持ち合わせた事で、七万年強に及ぶ、年ごとにカウント可能な縞を持つ、四十五メートルもの地層が出来上がったのです。

二、〈年縞〉と放射性炭素年代測定法

そして、この〈年縞〉が、二〇一三年に我が国初の標本として、国際的な**炭素（C）十四による**年代測定法の基準策定に採用されました。**C十四は大気中から取り込まれたのちは窒素十四に崩壊し、その割合が規則的に減少します。しかし、大気中のC十四濃度は火山噴火などで変動しますから、古代の遺物などから時代・年代ごとの濃度を測定し、数値を較正する必要があります。そのために最適なのが水月湖の〈年縞〉**だったのです。これにより、世界基準でなく我が国の環境条件にあう基準で年代測定を行うことができるようになったのです。

例えば、約三万年前の姶良カルデラの火山灰から、〈三万七十八年プラスマイナス四十八年〉の数値が計測され、また、七千年前の鬼界カルデラの火山灰は〈七千二百五十三年プラスマイナス二十三年〉となり、何万何千年前の噴火年代の測定が、数十年の誤差の範囲で可能となりました。案内ガイドの方から、そのそれぞれの噴火時期を、年縞に指し示して頂いたのですが、初見の我々にもはっきりと確認できました。この精度には驚嘆です。

この〈年縞〉は、既に古代史研究に活用している人が有るとの事ですが、私は未だ具体的な活用法を検討しようかと言う段階です。しかし、土器などの発掘年代は当然ですが、製造年代の特定も、この精度でできる様になるのではとの期待も抱きます。この水月湖の〈年縞〉は、今後の年代測定法に確実に大きく貢献したと言えるでしょう。

三、丹後半島周遊と籠神社

さて本紀行では、丹後半島を周遊するのですが、初日は、JR新快速で敦賀に出て、ここからレンタカーで周遊開始です。十二時に年縞博物館と、隣接している縄文博物館を見学。そこから若狭湾（宮津湾）を右に見ながら、湾の東端から西端の「天橋立」まで三時間半程の移動です。

天橋立の内海は、〈阿蘇海〉と呼ばれ、この周辺一帯は、縄文・弥生・古墳時代と、途切れることなく人が生

活し続けたようで、古代遺跡の宝庫と言えそうです。

この阿蘇海の東側の天橋立の付け根の部分に僅かな切れ目があり、外海と繋がっています。この切れ目には可動式の橋が架けられていて、遊覧船などが行き来します。従って、人は徒歩でも天橋立を渡り切ることができるのです。其の付け根の所にあるホテルが今紀行の宿泊場所に予定していた所ですが、そこを一旦通り越し、阿蘇海の対岸、籠神社（宮津市大垣）が所在する天橋立の反対側の付け根に向かいました。

ここでは、まず「丹後郷土博物館」を見学。そしてそのすぐ隣に整備されている「丹後国分寺跡」を踏査し、再び阿蘇海沿岸道を逆回りして宿泊予定のホテルへと向かいました。その途中の長寿公園に、ご当地の今は取り壊されて無くなった岩滝丸山古墳（与謝郡与謝野町岩滝）から出土の石棺が移設されていましたので、この見学を以て初日の最終と致しました。

二日目は、宿泊ホテルから天橋立に拠って繋がる対岸の籠神社をスタート地点としましたが、車なので再々度、阿蘇海の外周を廻ることとなりました。

籠神社へは、私自身、十年程前に来た事があり、その時に八十二代宮司の海部光彦氏より、八十一代宮司穀定氏の著書、『元初の最高神と大和朝廷の元始』を紹介され、執筆活動に役立てるよう提供された経緯があります。そこで、小生の愚作（「倭姫世記（紀）について」Ⅰ～Ⅳ、古田史学の会関西例会の二〇一九年五月～十一月の間にて発表済み）を持参し、光彦宮司に面会を求めた所、去年の暮に亡くなられていたのです。齢九十一歳との事。遅ればせながら、その場で弔意を申し上げると共に、持参した愚稿を奉納し、紀行の無事を祈願しました。

籠神社は元伊勢と称され、彦火明命を主祭神とし、宮司八十代以上の由緒ある神社で、『記紀』に記さない内容を持ち、〈天皇家と並ぶ、もう一つの天孫降臨〉を窺わせる、国宝の『海部氏系図』（本系図『籠名神社祝部氏係図』及び勘注系図『籠名神宮祝部丹波国造海部直等氏之本記』）を所有していた神社です。現在は、前・後漢時代の伝世鏡と言われる邊津鏡・息津鏡などを含め公開されていますが、それまでは、代々の宮司のみの秘伝とされて来たとのこと。

次に、籠神社の奥宮である真名井神社（宮津市江尻）を参拝後、丹後半島の北端を目指し出発。最初は伊根の舟屋を、観光船でカモメやトンビの歓迎を受けながら廻り、次は浦島神社（与謝郡伊根町字本庄浜）へ。そして最先端の経ヶ岬で、対岸のロシアを想い、複雑な気持ちで、海原しか見えないウラジオストク方面の日本海を無言で展望しました。

四、丹後三大古墳踏査

時間に余裕ができたので、丹後三大古墳と称される大型古墳の内の、神明山古墳（京丹後市丹後町宮）と、網野銚子山古墳（京丹後市網野町）の両方を踏査する事にしました。

経ヶ岬から西南西に網野に向かう途中に「丹後古代の里資料館」があり、そこに隣接して竹野神社と丹後第二位の大きさ、百九十メートルの神明山古墳があります。

この辺りは大城古墳群と呼ばれ複数の古墳が点在しているとの事ですが、ここは代表古墳のみの踏査に留めました。資料館と竹野神社を見学し、そこから二百五十メートル程の距離を徒歩で上り、古墳の後円部の頂上に辿り着くと、そこにはパノラマの素晴らしい絶景が広がり、無言で立って心地よい海風だけを感じました。正面には日本海が開け、その手前には奇岩の「立岩」が見事な姿勢でそそり立ち、左右の小高い丘に囲まれた、昔は入り江であったであろう田園風景を眼下にし、古代風景を夢想しつつ、しばし大王の気分に浸ることができました。

昼食を終え、〈鳴き砂〉で有名な琴引浜を右手に見て、一路、丹後最大の網野銚子山古墳を目指しました。目的地付近に来て驚いたのは、直近の交差点の名前が「御陵」だったことで、私の認識では、ここの古墳の主が、天皇を自称していた可能性がある事に他ならないからです。「御陵」と言う地名が何時からのものなのか等、詳細に調べてみる必要がありますが、今回は車で全長二百メートルと言われている古墳外周を一回りし、東側から徒歩にて後円部に登頂しました。ここは先ほどの神明山古墳の時よりも登頂が楽でしたが、頂上からの景観はよく似ていました。整備の仕方が同じせいかも知れません。

なお、道沿いに底辺三十六メートル～三十九メートル四方で、弥生時代の古墳としては国内最大級の大型方形墳丘墓「赤坂今井墳墓」（京丹後市峰山町赤坂）があるのですが、残念ながら車中から見るだけで、立ち寄れませんでした。次回の久美浜方面への周回紀行の楽しみにとって置く事としました。

籠神社での祈願のお蔭か、レンタカーの全走行距離三百八十キロ、無事敦賀に到着できました。

『後漢書』「倭國之極南界也」の再検討

谷本　茂

はじめに

『後漢書』は、五世紀前半中頃に、南朝劉宋の史家・范曄により撰述された「正史」であり、倭国関連の記事は、主として、一世紀末頃成立の現存『漢書』、宋代までに成立していた後漢に関する歴史書、『三国志』などの晋代の諸史籍を基にして記述されたものである。文章は華麗な反面、先行史書の正確でない要約が散見されることでも知られていて、個々の記載内容については、慎重な検討が必要になる。

本稿では、古田武彦氏の『後漢書』「倭國之極南界也」の解釈について、批判的に検討する。(注1)

一、「倭國之極南界也」の読み方について

范曄『後漢書』巻八十五列伝第七十五・東夷・倭の条に、「建武中元二年　倭奴國奉貢朝賀　使人自稱大夫　倭國之極南界也　光武賜以印綬」と独自の価値ある情報が記載されていることは周知の史料事実である。

ここの「倭國之極南界也」の読(訓)み方については、江戸時代の研究者以来現在まで、通説は、「也」を「ナリ」

と断定の助辞とみなし、「倭奴國」＝「倭國の極南界」と理解してきた。たとえば、和刻本正史『後漢書』（江戸時代・十八世紀刊・汲古書院復刊）では、「倭國ノ之極南界ナリ也」と訓じ、松下見林『異称日本伝』（十七世紀後半刊）では、「倭ハ國ノ之極南界ナリ也」と訓じている。

中国や台湾においても、たとえば、中華書局の標点本（一九六五年刊第一版二刷）や「諸子百家・中国哲学書電子化計画」（インターネットのサイト）で、「建武中元二年，倭奴國奉貢朝賀，使人自稱大夫，倭國之極南界也。光武賜以印綬。」と句読点を打ち、「也」を断定の助辞と解していることが分かる。

岩波文庫『新訂 魏志倭人伝 他三篇』（一九八五年）においては、「建武中元二年、倭の奴国、奉貢朝賀す。使人自ら大夫と称す。倭国の極南界なり。光武、賜うに印綬を以てす。」と読んでいる。

これらの理解に対して、古田武彦氏が「倭国の南界を極むるや、光武賜うに印綬を以てす」との解読（解釈）を提示された。これにより、「裸国・黒歯国」が「南界」であり、「倭人の世界がそこまで広がっている」という認識から、その情報に対して光武帝が「金印」を倭奴国へ授与したのである、との理解を示されたのであった。著書では、『古代通史』（原書房・一九九四年十月刊　二三二～二三六頁）や『古代史の未来』（明石書店・一九九八年二月刊　八四～八五頁）以降に力説されている。（注2）漢文の読（訓）み方は、文法的には従来説も古田氏説も両方可能なので、内容的な整合性を再検討する。

二、文脈上で自然に理解できるか？

最初に古田氏の「新解読」を知った時に、文脈上の自然な理解が難しいのではないか、と率直に疑問に思ったのは、「倭國之極南界也」の前に「裸国・黒歯国」の説明が全く無い文章構成であることだ。版本（百衲本・岩波文庫に影印掲載）で十行後に出てくる国々を「南界」の実態と読み取れと読者に要請するのは、本文の理解のさせ方として、困難なのではないかと思える。「裸国・黒歯国」の説明文の直ぐ後に本件の記述が続いていれば分かり易いはずなのに、范曄は何故このような記載の順番にしたのか、理解に苦しむのである。

本件の記述の十行後の記載は、「自朱儒東南行船一年　至裸國黒歯國　使驛所傳極於此矣」である。用語の点からは、「裸国・黒歯国」は、「使驛が伝えるところが極まる領域」ではあるが、倭の国とは別の国であり、あくまでも倭人からの伝聞情報なのであり、中国側はその友好・支配関係や中国との服属関係を直接確認できていない存在である。古田氏は、この部分の「極」（きわまる・自動詞の用法）を本件の「極」（きわめる・他動詞の用法）と関連するものと考え先の「新解読」に至ったものである。

ここで「極」の字を『後漢書』全体で検索してみると、粗い調査ながら、「中国哲学書電子化計画」の武英殿本テキストでは、二百二十四個使われている。ちなみに、「南界」は五箇所、「印綬」は百四十四箇所出現している。「極」は、形容詞・副詞用法および名詞用法が圧倒的に多く、動詞用法では、自動詞の用法が多くて、他動詞の用法は極めて僅か（極天下之麗、極侈など）である。文法的には古田氏の読解は可能だが、用字の状況証拠としては可能性が低いのではないだろうか。しかし、これはあくまでも用法の印象論でしかないので、以下、具体的に問題点を検証していく。

三、当時の後漢に「裸國・黒歯國」の情報があったか？

問題は、当時の後漢（一世紀～三世紀初め）の同時代（または直後の）史料（范曄より前の所謂「七家後漢書」あるいはその源になったような史料）に「裸國・黒歯國」の情報が存在したのか？という点であろう。古田氏は、「范曄の〝見た〟後漢代（光武帝当時）の史料には、A「倭国の使者の『伝』としての裸国・黒歯国の情報」B「光武帝の倭国に対する金印授与」　この両者が、なんらかの「因果関係」をもって記載されていたものとみられる」と想定されたが、この件に関して「別論文に詳述する」としながらも、詳細は提示されずじまいであった。

私見では、この想定の蓋然性は非常に乏しいと思われる。
陳壽『三国志』巻三十の東夷列傳（序）に、景初時期（二三七年～二三九年）になって、東夷諸国の情報が増えたので、これらの最新情報を「前史のいまだ備わざるところに接す」と明記してある。陳壽のいう「前史」が、『史記』、『漢書』、三世紀後半当時存在した（范曄の著作ではない）『後漢書』を指すことに異論は無いと思う。したがって、『三国志』魏書・東夷列伝・倭人の条に詳しく記載されている（女王國より南四千餘里にして至る）朱儒國や（朱儒より東南に船を行《や》ること一年の）裸國・黒歯國の情報は〝前史〟に記載されていたが敢えて『三国志』に陳壽が重複して採用した〟との想定は成立する余地は無いように思う。また、「短里」と思われる「四千餘里」が朱儒國への行程として記載されていることも、この情報が（一世紀の）後漢時代にもたらされていたと想定することを拒否している。

范曄『後漢書』の「裸國・黒歯國」記事は、范曄が（後漢時代からその情報が存在したと誤認して）、陳壽『三国志』の倭人伝の記事に依拠して要約し記載した可能性が高いと考えられる。

なお、范曄『後漢書』東夷列伝の倭の条で、後漢時代の独自記事として確実な価値を有するのは、建武中元二年、安帝永初元年、「東鯷人」の部分であろうが、(注3)「その大倭王は邪馬臺國に居る」、「倭面土國（地）」、「桓・霊の間倭國大乱」、「拘奴國」の位置、などは、俄かに情報の源初性あるいは信頼性の正否を判断できない。(注4)

四、印綬の記事には特別な理由が必要か？

古田氏の「新解読」への主な動機は、①「倭奴國」（博多湾岸周辺）が倭の「極南界」であるはずがない。②印綬を下賜する特段の理由が記載されていない。③「極」は「地の果て」を示す概念である。という三つであった。

①は、当時（一世紀中頃）の博多湾岸周辺領域が「倭」の南端領域であったのかどうかは、別途検討しなければならない問題であり、最初から、「博多湾岸をもって「極」と指ししめすこと、それはおよそ理解不能なのではあ

るまいか」とされるのは、（③の理解とも関係しているが）僭越ながら、古田氏の思い込み（先入見）である。「倭奴国＝極南界」の解読からは、逆に、〝当時（一世紀中頃）の「倭」の領域が（朝鮮半島南部から筑紫北部にかけての海峡を主とする）比較的狭い領域だったのではないか〟という仮説が措定できる。私見では、この情報の方が余程重要ではないかと考えられる。したがって、古田氏の「新解読」は、この重要な情報を実質的に欠落させかねない理解であり、俄かに賛同することはできない。

②は、蕃夷への印綬下賜の記事を全数調査すれば、理由の記述の仕方が分かるのであるが、『後漢書』の印綬記事の中には、理由が特記されている例はあまり多くない。ほとんどが、国・種族への「朝貢」に対するものと個人への論功行賞の類である。情報提供や世界認識の拡大に貢献した個人への下賜例は僅かに有るものの、その場合には、貢献と下賜理由が直結する形で明記されている。したがって、本件の場合も、十行後に記述されている「裸國・黒歯國」に関連する世界認識の拡大情報に対する下賜と考えるよりも、直前に記載されている「奉貢朝賀」に対する下賜と理解する方が妥当である。後漢への「朝貢」に対する「漢委奴國王」印であったと理解する方が自然であり、他の記述とも整合している。

③「極」が〝地の果て〟を意味するのは、名詞用法（八極、北極、南極など）の場合であり、動詞用法や形容詞用法では、〝地の果て〟の意味に限定はできない。古田氏が例示した『後漢書』東夷列伝・挹婁（ユウロウ）の条の「東濱大海　南與北沃沮接　不知其北所極」の記載は、挹婁の領域の認識を示すもの（『三国志』東夷伝・挹婁の条とほぼ同じ）であり、「極」は「その北の極まる所を知らず」とあるように自動詞用法で用いられており、〝地の果て〟を示す概念としては使われていない。挹婁という特定領域の北限というだけの意味である。実際、『後漢書』では〝北の地の果て〟の意には「北極」という用語が使われているのである。ここでの古田氏の解釈は明らかに妥当でない。

五、古田氏の「新解読」の背景

古田氏が「新解読」へ進まれた背景として、土佐清水市での巨石現地調査／実験（一九九三年十一月）やB．J．メガース女史の訪日／講演（一九九五年十一月）が催されたように、「倭人の太平洋航海」のテーマが大きな課題になっていた時期であったことが関係しているように思われる。

当時の古田氏が倭人の「裸國・黒歯國」認識と「印綬」の関係を強く意識していたことは確かで、そのような情況の中で至られたアイデアのうちの一つが、本件の「新解読」であったに相違ない。しかし、今、冷静に考えると、文脈上も用語法でも無理を重ねた解読ではなかったであろうか。「倭奴國が倭の極南界である」と素直に解して、その情報自体の重要性を再検討すべきであると信じる。

最後に、誤解の生じないように、本稿の意図を明記させて戴く。本稿は二〇一八年九月度の古田史学の会・関西例会にて発表した内容に加筆修正したものである。発表前後に、古田史学の或る会員の方から、「（古田氏の）極南界理解を否定することは、南米の倭人の問題を否定することに連なり、古田先生の基本的なところを否定することになりかねないのでは？」という疑問のメールを頂戴した。

私見は、范曄『後漢書』の記述において、「裸國・黒歯國」の認識と「印綬」とを直結して理解する説は無理である、と主張しているだけで、「裸國・黒歯國」問題を否定する意図はまったく無い。筆者は、陳壽『三国志』東夷伝の情報に大きな信頼を置いており、そこに記載されている倭周辺の国々の情報を切り捨てるのは、通説の立場に立つ現代の研究者の瑕疵であると考えている。

古田史学の会の中で、「いろは歌留多」にも詠まれている、「【な】南界を 極めた倭国 金印賜う」で古田氏の「新解読」に親しみ馴染んだ方も少なくないとは思うが、この歌留多の趣旨には遺憾ながら諸手を挙げて賛同を示す訳にはゆかない。

しかしながら、東アジアとアメリカ大陸の環太平洋文化圏における古代人の交流というテーマについては、多元史観の立場から、今後とも新しい視点で積極的に言及していく所存である。(注5)

【注】

(注1) なお、筆者は、〝「南界」が「裸國・黒歯國」を含む概念であった〟という古田氏の見解には否定的であるが、裸國や黒歯國の所在領域に関する古田氏の「南米説」には賛同する立場である。誤解の無いように願いたい。

(注2) 一九九八年九月の豊中市での講演会録にも稍詳しい言及がある。

(注3) 『後漢書』の東鯷人の記事「會稽海外有東鯷人分爲二十餘國」は、『漢書』地理志の呉地の記述を踏襲したものであるが、范曄が後漢時代にも東鯷人が存在していたという認識を持っていた点が重要だと考えられる。

(注4) 『後漢書』では、魏志・倭人伝において「狗奴國」に相当する国を「拘奴國」と記し、「自女王國東度海千餘里 至拘奴國 雖皆倭種而不属女王」とする。これは、(倭人伝の記載とは大きく異なり) 范曄の理解を反映した記述と思われる。この件に関する筆者の史料批判は、拙稿「東鯷人・投馬国・狗奴国の位置の再検討」(古田史学論集第二十四集 明石書店・二〇二一年三月刊 所収 九八～一〇五頁) にある。

(注5) 筆者は、二〇一九年から二〇二〇年にかけて、NHK文化センター(神戸教室、梅田教室)の古代史連続講座において、『梁書』の扶桑国に関連して古代の環太平洋文化圏間の交流について六回分の研究紹介講義を行なった。その成果を現在取り纏め中であり、いずれ書籍の形で公刊する所存である。

(本稿は、『古田史学会報』一五〇号(二〇一九年二月)に掲載された同題の稿を加筆・修正したものである。二〇二一年六月二〇日浄書了)

「多賀城碑」の解読

―それは「道標」だった―

正木　裕

一、多賀城と多賀城碑

1、多賀城の創建

多賀城は、大和朝廷による、養老四年（七二〇）の陸奥の蝦夷の反乱の鎮圧、神亀元年（七二四）の海道の蝦夷反乱の鎮圧を経て、大和朝廷が蝦夷支配の為に設置した軍事拠点で、外郭南門付近で発見された「多賀城碑」には、神亀元年（七二四）按察使大野東人《あずまびと》が創建したと記されており、現在は国の特別史跡「多賀城跡 附 寺跡」とされ、調査・保存されている。

遺跡の発掘調査では、多賀城政庁と外郭南門を結ぶ正面道路跡の暗渠から、養老五年籍を反映した木簡が出土しており、この木簡は養老五年（七二一）四月～養老六年（七二二）五月の間に作られたと考えられている。そこから、多賀城は養老四年（七二〇）の蝦夷討伐後に造営が開始され、七二四年に完成したことになる。

2、多賀城碑とその内容

一方「多賀城碑」には、天平宝字六年（七六二）に、藤原恵美朝臣朝獦《あさかり》（＊東海東山節度使従四位上仁部省《じんぶしょう》卿兼按察使鎮守将軍藤原恵美朝臣朝獦）が修造したと記されている（図1）。

多賀城　去京一千五百里
　　　去蝦夷国界一百廿里
　　　去常陸国界四百十二里
　　　去下野国界二百七十四里
　　　去靺鞨国界三千里

西

此城神龜元年歳次甲子（七二四）按察使兼鎭守將
軍從四位上勳四等大野朝臣東人之所置
也天平寶字六年（七六二）歳次壬寅參議東海東山
節度使從四位上仁部省卿兼按察使鎭守
將軍藤原惠美朝臣朝獦修造也
天平寶字六年（七六二）十二月一日

（『此の城は　神亀元年歳次甲子（七二四）按察使《あぜち》兼鎮守将軍従四位上勲四等大野朝臣東人の置く所也　天平宝字六年（七六二）歳次壬寅　参議東海東山節度使従四位上仁部省卿兼按察使鎮守将軍藤原恵美朝臣朝狩の修造也　天平宝字六年十二月一日』）

3、多賀城碑をめぐる真贋論争

この「多賀城碑」については、①多賀城から下野国界までの二百七十四里（約百五十キロメートル）に比べ、地図上でほぼ等距離の、常陸国界までが四百十二里（約二百三十キロメートル）と、その差が大きすぎること、②多賀城から「北方」の靺鞨《まっかつ》国・蝦夷国も、「南方」の下野・常陸・京も同じ「西」とされていること、③七六二年に我が国と交流していたのは靺鞨国ではなく、渤海国であること、などの理由により、「偽作ではないか」との見解も示されていた。

しかし、発掘調査の進展により、碑文の内容が多賀城の造営経緯と整合しており、中世の石造物の碑に用いられる薬研彫で刻されていること、洗練された書体で記され、文字配置には奈良時代の天平尺（一尺二十九・六センチメー

図1　「多賀城碑文」安井息軒『読書余滴』より

トルで二尺四寸）が用いられていることなどから、現在は真作との見解が一般的となっている。その一方、記された方位や里程が間違いであるとの見解は改められなかった。

しかし、古田武彦氏は『真実の東北王朝』（駸々堂出版一九九〇年、ミネルヴァ書房二〇一二年復刊）で、「誰でも常陸・下野までの距離がほぼ同じであることは簡単に分かるのに、わざわざ一・五倍を記すはずがない」等から、多賀城碑は真作（本物）だとして、次のような解釈を示した。

①蝦夷国は「蝦夷の居する国」で「陸奥国と同じ」であり、多賀城はその中に設けられた。②「西」とは靺鞨国・蝦夷国・常陸国・下野国のそれぞれの「西の国界」だとされた。

ただ、多賀城碑を真作とする見解は賛同できるが、「多賀城は蝦夷国内にある」とすることは、和銅六年（七一三）に、多賀城の北方に陸奥国丹取郡《にとりぐん》（現在の宮城県大崎市・栗原市付近）が設けられていること、また、多賀城からの行程でまず「越える」のは下野・常陸両国の東側（或いは北側）の境界であるから、距離表示を、各国を通り過ぎた「西の境界」とする解釈には疑問がある。

そして、次のように、蝦夷国の討伐の経緯や遺跡の発掘状況を踏まえながら、多賀城碑を「道標」として扱い、かつ「古代の官道の行程」を辿れば、碑文に記す「西」の意味も理解でき、蝦夷国・靺鞨国をはじめとする諸国との「距離」も正しいことが分かるのだ。

二、『儀礼《ぎらい》』と古代の官道が示す多賀城碑文の正確さ

1、『儀礼』に「門を出づれば即ち西を以て右とす」

多賀城碑は、政庁から南に延びる正面道路と、藤原朝狩の大改修（第Ⅱ期）で設けられた南門の交点の、「内側」付近で発見されている（図２）。

これは、碑が政庁から退出する人々に「行くべき道の方位」を示す「道標」の役割を持つことを表す。そして、『儀

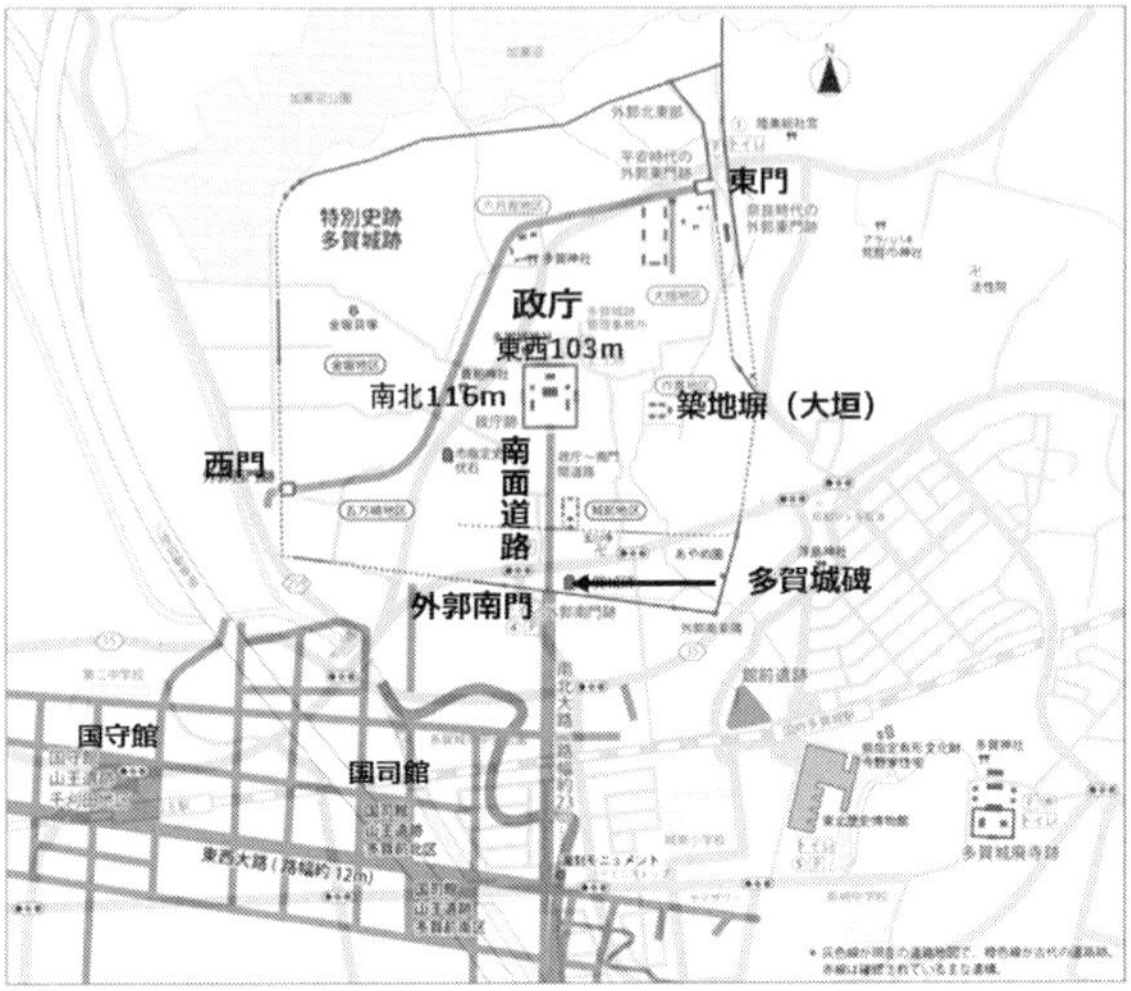

図２　「多賀城」宮城県多賀城跡調査研究所「多賀城跡－発掘のあゆみ 2020－」（令和２年３月25日）より

礼』（「巻三。士相見礼《しそうけんれい》、入門左、疏）には、「釋に曰く、凡そ門を出づれば即ち西を以て右と為し、東を以て左とす。」とある。『儀礼』は春秋戦国時代に成立した、周代の王・諸侯・卿・大夫・士の身分の「士」に関する礼を記述する儒教の経典で、士相見礼は、士が人と会見する時の作法を述べたものだ。その内容は、中国の官僚や知識人にとって「わきまえるべき常識」となっていた。『書紀』では継体時代の五一三年に、百済より五経博士が渡日しているなど、我が国にも早くから伝わり、律令下の大学寮で明経道《みょうぎょうどう》として教授されていた。従って、碑文は「門を出づれば即ち西を以て右と為し」との語句を踏まえて作成されたことになる。つまり、「西」とは、蝦夷国や下野ほかの諸国が「西に位置する」という意味ではなく、諸国に行くには「門を出て右に行け」という指示だったのだ。

2、多賀城から西に行くのが古代の官道のルート

なお、南門を出て東（左）に行けば海に当たり、そこから南の石城国《いわき》を通る海岸道路（海道）に向かうことになるが、海道一帯は多賀城完成当時蝦夷が反乱を起こし、石城国は七二四年までに廃止されていた。

◆『続日本紀』（要約）神亀元年（七二四）三月二十五日。海道の蝦夷反乱を起こし、陸奥大掾《だいじょう》の佐伯児屋麻呂を殺す。同年四月。持節大将軍藤原宇合を征夷将軍に、高橋安麻呂を副将軍に任命。坂東九国の軍三万人を訓練し、吊・施・綿・布等を陸奥鎮所に運ぶ。同年五月。小野牛養を鎮狄将軍に任命。十一月二十九日に藤原宇合・小野牛養ら帰還す。

従って多賀城から蝦夷国・下野国・常陸国等に行くには、一旦「西」の栖屋《すや》駅に行き、そこから下野国・常陸国・

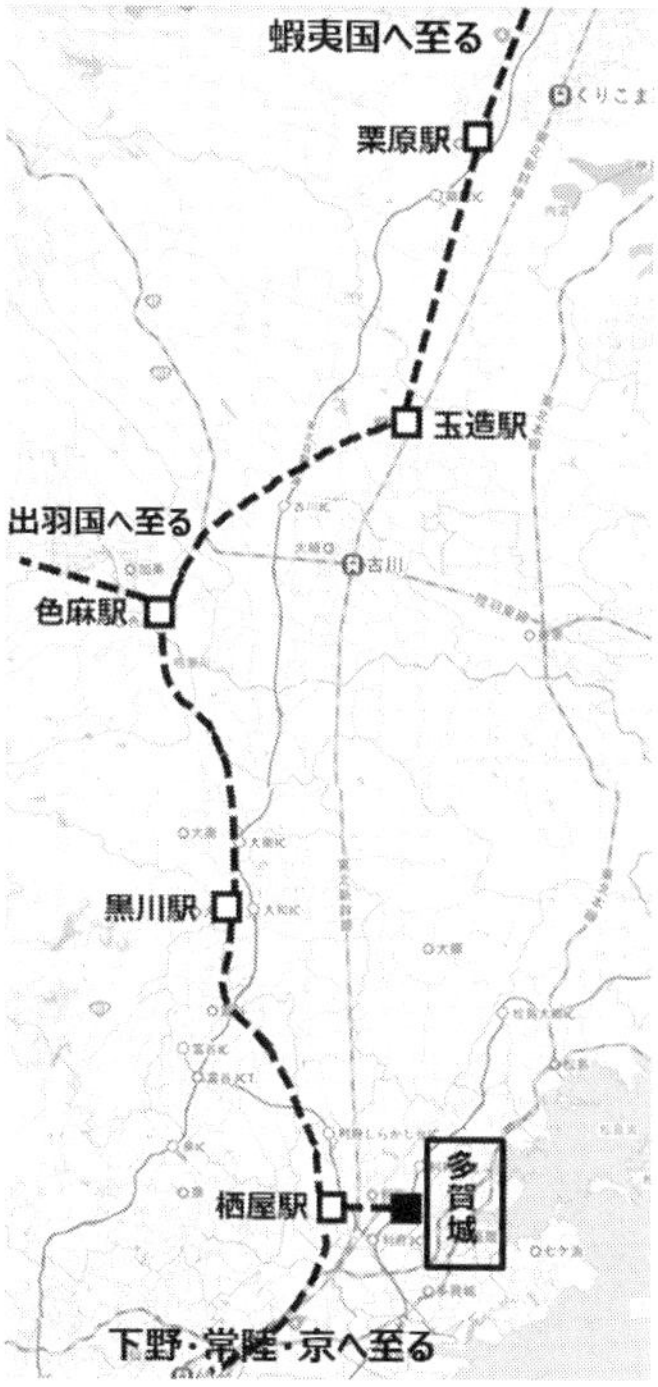

図３　多賀城〜栖屋駅経由の街道

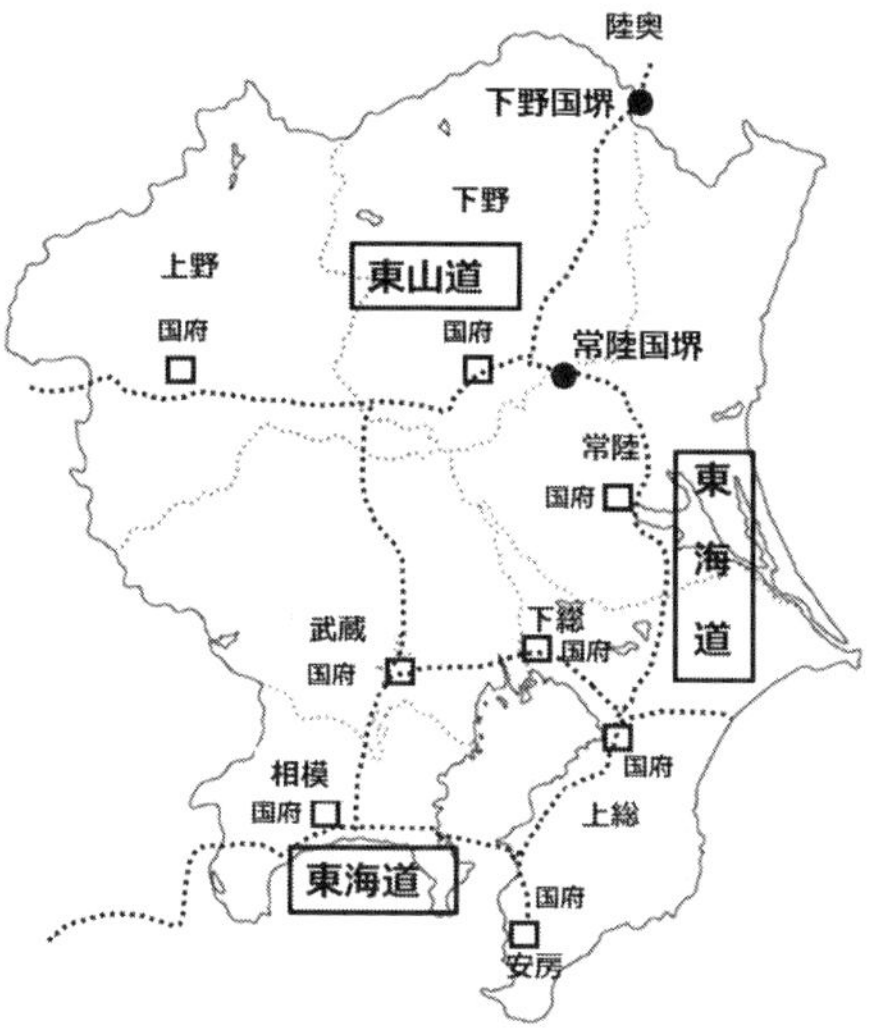

図４　東海道と東山道の合体

京へ向かうには東山道（陸道）を「南」へ、蝦夷国や靺鞨国へ向かうには黒川駅・色麻駅等を経て「北」に行くことになる（図３）。

そして国司・国主の館も南北道路の「西」で、栖屋駅に行く途上にあった。南北道路から西の東西道路は幅員が十二メートルと広くなっており、これは「西」が「陸道」に続くメイン道路であることを示す。門を出る者に最も重要な「進むべき方角」が、『儀礼』に基づき、一番目立つ上部に最も太い字で刻まれていた。「西＝右」に曲がれば国主館や国司館に通じ、その集落を越えて、栖屋駅から北に進路をとれば蝦夷国に、南西に進路をとれば下野国・常陸国に向かう。碑は多賀城を出る者にこのことを示していたのだ。

3、碑文は「官道」を辿る距離を正確に記していた

また、下野国と常陸国までの距離も、「官道」の常識により計測すれば碑文の正確さが分かる。

官道は各国の国府と国府を結ぶものだ。そして、図４のように東海道と東山道は下野国府付近で合体するから、多賀城から常陸国府に行くには、まず下野国に入り、下野国府付近から常陸国府を目指すことになる。

つまり常陸国界への距離は、「多賀城から下野国界までの距離」＋「下野国内で国府付近を経由して常陸国界に至るまでの距離」を加えることになる。

多賀城から下野国界までの距離は実測も碑文も一致し二百七十四里（約百五十キロメートル）、下野国内で国府付近を経由し常陸国界に至るまでの距離は、約八十キロメートル・百五十里程度で、合計約二百三十キロメートル・四百二十里程度となり、多賀城碑に記す距離と整合する。

東海道と東山道の合流点を、多賀城から下野国界までの間に想定し、そこから分離し、一方は下野国界に、もう一方は常陸国界に至るとする見解もあるが、(注1)そうすると多賀城から常陸国界・下野国界までの距離はほぼ等しくなり、多賀城碑の距離を説明できない。東海道の最北の国府は常陸国府で、多賀城建設当時の東山道の最北の国府は下野国府だから、両国府は官道で結ばれていたと考えるのが自然だ。従って、多賀城完成時には、多賀城から下野国界までは東山道を通り、下野国内では国府付近まで南下した後、東海道に分岐して東に転じ常陸国界へ向かうのが、多賀城から常陸国府への「通常の官道」となろう。

4、蝦夷国との境界は碑文どおり多賀城から百二十里

『続日本紀』に記す多賀城完成までの蝦夷討伐の経緯から、多賀城碑が設置された当時の蝦夷国堺は、多賀城から百二十里（約六十五キロメートル）北にあったことがわかる。まず、多賀城設置の十年以上前、碑の作られた五十年以上前に陸奥の蝦夷は討伐され、多賀城北方まで陸奥国の郡（丹取郡）が置かれていた。

◆和銅二年（七〇九）三月。陸奥、越後二国の蝦夷が服従せず、良民を損なうとして巨勢朝臣麻呂を陸奥鎮東將軍に、佐伯宿禰石湯を征越後蝦夷將軍に任命し、征夷軍を派遣。

◆和銅六年（七一三）十二月。新たに陸奥国に丹取郡《にとりぐん》（＊後の玉造郡・栗原郡・加美郡一帯。現在の宮城県大崎市・栗原市付近）を建置。

さらに、養老四年（七二〇）九月記事に、「陸奥・石背・石城三国の調庸・租を減ずる」とあることから大和朝廷による「徴税」も行われ、また、霊亀元年（七一五）五月記事に、「相模・上総・常陸・上野・武蔵・下野六ヶ国の富民

千戸を陸奥に配す」とあることから植民も進んでいたことがわかる。従って、多賀城建設当時には丹取郡の北方まで「陸奥国」として大和朝廷の実効支配が確立され、蝦夷国界も丹取郡北方まで押し上げられていたことになる。

5、多賀城北方の柵・郡家遺跡は「至蝦夷国境百二十里」の正確さを示す

養老六年（七二二）の太政官奏で、鎮所（柵・郡家等）への軍事物資の搬入が奨励されていることから、玉造等天平五柵（玉造柵・新田柵・牡鹿柵・色麻《しかま》柵・名称不詳の一城柵）と、黒川以北十郡（多賀城以北の栗原・玉造・加美・登米・本吉・桃生《ものう》・牡鹿・遠田・志田・黒川の各郡）の郡家の造営も同時に開始されたと考えられる。

そして、これを証するように、「多賀城創建期（七二四）」と同時期の瓦が、栗原郡・加美郡・玉造郡・遠田郡・桃生郡ほかの遺跡から発掘されている。[注2] その中で最北にあるのは名生館《みょうだて》遺跡～新田柵跡遺跡（加美郡・栗原郡）で、多賀城からの距離は道のりで約五十キロメートル約百里であり、多賀城建設当時の蝦夷国界はその北となる。

そして、神護景雲元年（七六七）には新田柵跡遺跡の北方に伊治城（宮城県栗原市築館城生野）が建設されており、多賀城までの距離は約七十キロメートル約百三十里。従って、多賀城碑の設置された七六二年では「新田柵跡遺跡」（百里）と伊治城（百三十里）の間に蝦夷国境があったことになり、碑文の「去蝦夷国百二十里」はこの距離と一致する。ちなみに、「百二十里」ならこれは伊治城建設で蝦夷国界が北に「二十里押上げ」られたことを示している。

多賀城碑設置当時の蝦夷国界を「多賀城から百二十里」とする碑文は正確だった。

三、蝦夷は間宮海峡を知っていた

1、「靺鞨国」は沿海州のアムール川（黒水川）流域に存在

碑文には「靺鞨国」へ「三千里（約千六百キロメートル）」と記すが、「偽作説」では当時大和朝廷と交流していたのは「渤海国」のはずで碑文はおかしいとする。渤海国は六九八年に成立し、七二七年に高斉徳ら八名が出羽国に入国、上京して、十二月に聖武天皇に拝謁。この年引田虫麻呂ら六十二名が送渤海客使として派遣されている。陸

奥の西の「出羽国」が渤海国との交流の窓口だったから、七六二年の多賀城碑には「至渤海国」とあるべきとするのだ。

そして、多賀城から出羽国を経由する渤海国までの距離は千五百〜千八百里（八百〜九百キロメートル）程度。碑文の「三千里」はその倍近い距離で、そうした遠隔地が当時認識されていたはずはなく創作された数字とする。

しかし、多賀城建設当時、多賀城から「渤海国の北三千里の彼方」に「靺鞨国（黒水靺鞨）」は存在した（図5）。

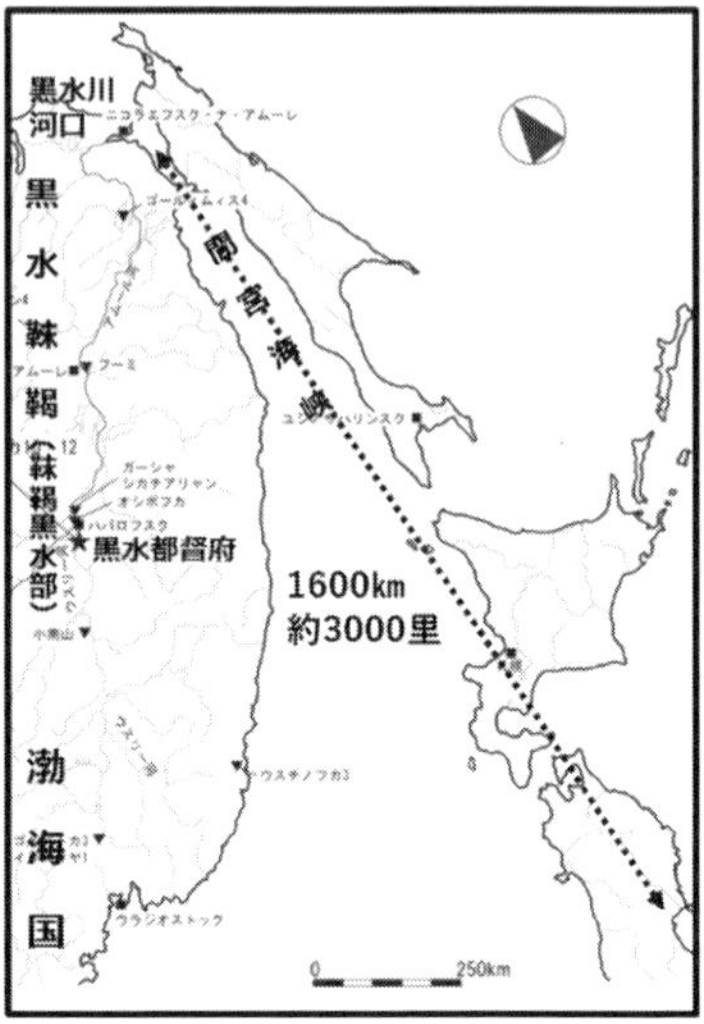

図5　靺鞨国

「靺鞨」は、六〜八世紀に中国東北地方に存在したツングース系民族の部族の総称だが、その中では、沿海州のアムール川（黒水川）流域の黒水靺鞨が有力で、開元十年（七二二）、酋長の倪属利稽《げいしょくりけい》が唐に朝貢し、勃利《ぼつり》州（＊現黒竜江省）刺史に任じられている。そして、開元十三年（七二五）、唐の安東都護、薛泰《せったい》の請願により、黒水靺鞨に黒水州都督府を置き、その首領を都督とし、各部部族長を刺史として、この地を監督することとなった。つまり、多賀城が完成し、碑文が造られたころアムール川河口は靺鞨国の「入口」にあたっていたのだ。

2、考古学が証する「オホーツク文化圏」の大交流

三千里は約千六百キロメートルで、多賀城から北海道・樺太を経由し「黒水靺鞨界」、すなわちアムール川河口付近までの距離に相当する。近年の遺跡・遺物の研究の進展により、六世紀以降アムール流域・河口部から樺太・北海道にかけて、オホーツク人と称される人々による「オホーツク文化圏」が形成されていたことが知られるようになった。そして、遺伝子解析からアムール川河口から樺太・北海道にかけてオホーツク人と擦文人《さつもんじん》[注3]が交流し交雑していたことが分かる。

また、北海道沙流郡平取町《びらとり》の沙流川流域に産出し、「縄文時代の最も重要な生活具である石斧への加工に最適」

とされる「アオトラ石」の石斧が、津軽海峡を渡り、青森・秋田・岩手の縄文遺跡から広く出土している。特に、三内丸山遺跡（縄文時代前期中頃から中期末葉）からは「数千点のアオトラ石製石斧が発見されており、十勝産の黒曜石（十勝石）の石鏃・石槍も三内丸山はじめ東北に広く分布している」（大阪学院大学大塚和義教授）とされ、北海道の擦文人と、東北の蝦夷の頻繁な交流・交易が確認されてきている。

つまり、アムール川河口から樺太・北海道・東北にかけて、オホーツク人・擦文人・東北地方の蝦夷による交流・交易圏の存在が確認され、東北地方の蝦夷は広い意味での「オホーツク文化圏」の南端に存在していたことになる。

蝦夷は、「オホーツク文化圏」の一員として「間宮海峡」の存在と、海峡を渡ったアムール川河口が、「靺鞨国」への入り口・国境であることを認識していた。倭人の間宮海峡発見は、一八〇八～一八〇九年の松田伝十郎、間宮林蔵の探査が初で、八世紀の当時の大和朝廷がアムール川河口付近までの距離を直接知っていたはずはないから、「三千里」は蝦夷からの情報だ。

東北の蝦夷は「オホーツク文化圏」の交流により、倭人を遡ること千百年以上前から、「オホーツク文化圏」の北端で、間宮海峡の彼方、アムール川河口から流域に存在した「靺鞨国」への距離を認識していたことになる。

3、靺鞨国に派遣された津軽渡嶋の蝦夷

『続日本紀』養老四年（七二〇）に蝦夷が靺鞨国に派遣された記事がある。

◆『続日本紀』養老四年（七二〇）正月丙子（二十三日）。渡嶋津軽津司従七位上諸君鞍男ら六人を靺鞨国に遣わし、其の風俗を観さしむ。

この「靺鞨国」は沿海州の部族・樺太のオホーツク人・粛慎等の諸説があるが、いずれにしても、この記事は、多賀城建設当時に「靺鞨国」の存在が認識されていたことを示している。ちなみに、諸君鞍男らは七一八年に位禄を授かった津軽渡嶋の蝦夷と考えられる。

◆『続日本紀』養老二年（七一八）八月乙亥（二日）に、出羽と渡嶋蝦夷八十七人来き、馬千疋貢《まう》ぐ。則ち位禄を授く。

そして、津軽の蝦夷は七世紀中葉に、郡の大領に任命され位階を授かっていた。

『書紀』斉明四年（六五八）四月の、百八十艘の舟を率いた阿倍引田臣比羅夫による齶田（秋田）、渟代（能代）の蝦夷討伐に際し、有間の浜で渡島蝦夷らを召しあつめ大いに饗したうえで、投降してきた蝦夷らに位階と官職を授け、郡領等として現地の統治を委ねている。

◆齶田蝦夷恩荷に授くるに、小乙上を以てして、渟代・津軽、二郡の郡領に定む。渟代郡大領沙尼具那に小乙下、少領宇婆左に建武、勇健者二人に位一階。津輕郡大領馬武に大乙上、少領青蒜に小乙下、勇健者二人に位一階。渟足柵造大伴君稲積に小乙下。

七世紀の蝦夷への位階授与は、倭国版「羈縻政策」であり、特に倭国に近い友好的な蝦夷の部族長を選び、郡領（評督・助督）などに任じ、彼らがもともと有していた統治権を倭国の官吏という名目で行使させたものだ。ところが、八世紀大和朝廷は、蝦夷を律令制の支配に組み込もうとし、その都度抵抗がおき討伐を繰り返すこととなる。

以上、『儀礼』や多賀城の発掘、古代の官道の状況、擦文人・アイヌ人やオホーツク文化圏の研究の伸展は、多賀城碑の「西」とか「距離」の記術が正確なものだったことを示しているのだ。

【注】

（注1）白河の関の北方で東山道と東海道が分離する。児玉幸多編『日本交通史』七道駅路概要図（吉川弘文館二〇一八年）など。国土交通省もホームページで「古代の道 七道駅路」としてこの地図を紹介。

（注2）多賀城北方で、多賀城と同時期の瓦が出土する遺跡は次の通り。古川市名生館遺跡（玉造郡家か）、同市伏見廃寺跡（同）、中新田町城生柵遺跡（旧加美郡）、同町菜切谷廃寺跡（同）、色麻町一の関遺跡（旧加美郡）、宮崎町東山遺跡（加美郡家か）、田尻町推定新田柵跡（玉造郡）、鳴瀬町亀岡遺跡（旧桃生郡）など。

（注3）擦文人は七世紀ごろの北海道で、「擦り目文様の土器」に象徴される「擦文文化」を担った人々。奈良時代には東北地方の土師器の影響を強く受けることから、東北地方との交流が推測される。後にアイヌ文化に移行するがアイヌ人との関係は明確になっていない。

七世紀の須恵器・瓦編年についての提起

服部静尚

はじめに

七世紀の遺構出土物の研究では、その編年に主に須恵器と瓦が用いられている。これらの発掘調査報告書や研究論文を拝見する中で、素人ながら次のような疑問を持って三つの提起に至った。ここでは、二〇二一年十二月の大阪歴史学会考古部会で発表させていただいた内容を紹介する。

I、先ず九州北部地域での古瓦編年について、次の見直しが必要である。

① 九州北部地域の軒丸瓦編年の暦年基準に、『日本書紀』の水城・大野城・基肄城造営記事を用いられているが、考古学の編年は文献ではなくて、考古学の所見で決めるべきと考える。

② この編年を手がけられた小田富士雄氏（一九六六年・一九七五年・一九七七年、文献1）は一寺院に複数の創建瓦があったと想定されているが、石田茂作氏（一九三六年、文献2）の方法（一寺院で時代を隔てた複数の瓦が出土した場合は最も古いと見られる文様の瓦を創建瓦とする）をとるべきと考える。

Ⅱ、次に九州北部地域での須恵器編年について、次の見直しが必要である。
③ 現状、九州北部地域独自の須恵器坏編年が各位より提起されているが、その暦年基準の中には『日本書紀』の水城・大野城・基肄城造営記事を重視されるところがある。考古学の編年は文献ではなくて、考古学の所見で決めるべきと考える。
Ⅲ、最後に、畿内の須恵器編年についての見直し提起である。
④ 先学の研究成果を見ると、飛鳥編年など七世紀畿内土器編年は須恵器坏に集約されると見られる。これらの暦年基準も実は文献主体である。ところが、既に『日本書紀』の記述と出土物が合致しない状況を佐藤隆氏（二〇一七年、文献3）などから報告がされている。考古学の所見を暦年基準として、七世紀の日本列島を俯瞰し物差しとなるような編年基準が必要である。

一、小田富士雄氏の古瓦編年に疑問を呈する

1、小田氏の瓦分類

小田氏（文献1）によると、九州の初期寺院から発見される古瓦は大別して三つの系統（実質四系統）に整理できるとする。この内、軒丸瓦に注目すると、（図1は左上から順にイ・ロ・ハ・ニを示す）

（イ）畿内系古瓦（山田寺系重弁文瓦＝単弁）、
（ロ）朝鮮系古瓦の新羅系古瓦（複弁）
（ハ）百済系単弁軒丸瓦（素弁）、
（ニ）太宰府系古瓦の老司式と鴻臚館式（複弁）である。

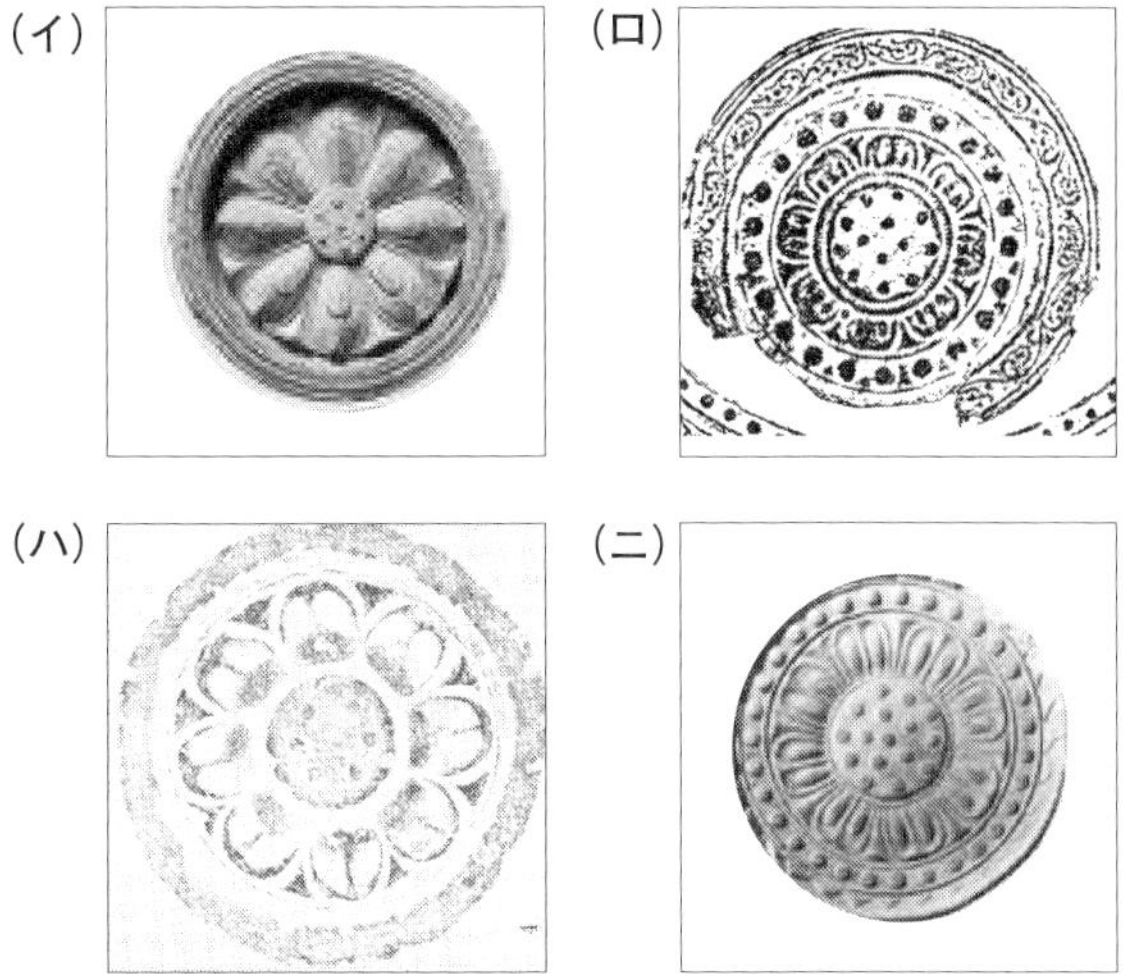

図1　小田富士雄氏の瓦分類　小田富士雄（文献1）より

この内、（ハ）百済系単弁軒丸瓦を九州式単弁瓦とも言うが、新羅系瓦とも重なった分布（豊前北部）を見せながら、筑前、筑後、肥前・豊後まで広がる。この系統の瓦は百済滅亡のさいに帰化した百済人の指揮によって天智四年（六六五）、築城された大野城、基肄城を契機に九州に流入し、古期のものは豊前地域に集中してみられる。しかし八世紀を最後に消滅する。この百済系単弁瓦の年代、系統についての諸説があったのだが、小田氏は自著（文献1）でほぼ結論に達したとする。

尚、小田氏の一九七五年までの著書を見ると、この九州の百済系単弁瓦出現は十九カ所の寺院と四カ所の窯跡、その他四カ所を合せて合計二十七カ所で出土が報告されている。私の調べでは、これに一カ所の寺院がプラスされ、その他プラス四カ所での出土が報告されている。小田氏報告分に加えて合計三十二カ所で出土していることになる。

2、九州における「百済系単弁瓦は七世紀後半である」とした小田氏の見方

小田氏は、百済系単弁瓦は百済滅亡によって我国に伝わり、これが畿内を経由し、天智の築城を機に北九州に移入され、その過程で一重圏をめぐらす「九州式単弁」が実現し、畿内周辺に流行した重弧文軒平瓦との組合せが形成されたとする。その主な根拠を示す。

（1）戦前の学者中山平次郎氏が、すでに出土当初から「百済滅亡の際に帰化した百済人の指揮によって天智四年築城された大野城、基肄城を契機に九州に流入した」とし、七田忠志氏は「築城の際に大和よりの技術導入により

造られた」としたのだが、小田氏もこの立場をとる。
（2）初期文様の単弁瓦が豊前及び基肄城で出土するが、これらの豊前諸廃寺を次の理由で、奈良前期を下らない頃の創建とみる。
①弥勒神功寺東塔建立は益永家記録より天平十五年（七四三）とみられる。
②法鏡寺の軒平瓦はその文様より白鳳期とみられる。
③相原廃寺・垂水廃寺では弧文軒平瓦とのセットで出土する。垂水廃寺・豊前国分寺・椿市廃寺では（ロ）の新羅系瓦と共に出土する。
④国分寺は続日本紀の天平十三年（七四一）、異論はあっても天平九年（七三七）の建立であろう。
（3）弥勒神宮寺では（ニ）の鴻臚館系と、上坂廃寺でも（ニ）の老司系と、観世音寺でも老司系と鴻臚館系と、杉塚廃寺で鴻臚館系と、大願寺でも老司系と鴻臚館系と、晴気廃寺では鴻臚館系と老司系の変形と、井上廃寺では（イ）の山田寺系と老司系と新羅系、冠では鴻臚館系と、永興寺では鴻臚館系の変形とみられる瓦と、いずれも七世紀後半以降のものとみられる各系統の瓦と共に出土する。
（4）九州の百済系単弁瓦は、飛鳥地方の初期寺院にみられる百済系瓦（いわゆる素弁蓮華文軒丸瓦）とやや異なった様式を持つ。
その特徴は◆中房に七顆の蓮子◆弁と中房間の溝が深い◆弁は八又は七葉◆弁の先端の両側に凹みがある◆弁間に楔形の小葉がある◆周縁が幅広く直角に高く隆起している◆重圏文あるいは唐草文があるなど。
（5）百済泗沘城時代の瓦当周縁は素文に終始しているが、畿内では七世紀後半になると軒丸瓦の周縁、軒平瓦に重圏文（重弧文）が登場しており、故に九州式単弁瓦当は畿内の白鳳期瓦当を経由していると言える。

3、小田氏があげた全ての根拠を検証する

（1）先ず、考古学の暦年代の基準は文献では無く、考古学知見に求めるべきである。須恵器編年の基準を『日本

書紀』の天智期の水城・大野城・基肄城建設記事のみに求めるのは危険である。次項に触れる須恵器の編年や年輪年代法での考古学知見からは、少なくとも白村江戦以前と見られる。

（2）瓦は通常五十〜百年、場合によってはより短期間に朽ちるもので、その都度瓦の葺替えがある。事実、石田茂作氏（文献2）の調査では畿内で幾多の時代を隔てた瓦の出土があると言う。石田氏の方法では、同じ遺跡で複数の様式瓦が出土する場合、もっとも古い様式を創建瓦としている。当然であろう。多少の例外はあるにしても蓋然性の高い方法である。対して小田氏の方法では、創建時に複数の文様の瓦を取り混ぜて葺いたとする。そのような事例があるのだろうか、私は聞いたことがない。最も目立つところにある瓦である。そこに文様の大きく異なる瓦が並んでいると想像してもらいたい、極めて不細工である。台風などで一部の瓦が飛ばされ、予算の関係でその部分のみ葺き替えた寺院を見ることがあるが、普通の人の美意識は許さないと私は思う。少なくとも創建時にそれは選ばない。

（3）（2）に同じ。

（4）小田氏は九州の百済系単弁瓦は飛鳥の素弁蓮華文と異なる様式だとする。しかし、氏があげたその特徴は、いずれも畿内の素弁蓮華文の多くの系統の中に含まれる特徴である。小田氏がとくに拘《こだわ》られた重圏文にしても、六二一年創建説のある奈良県斑鳩の法輪寺出土創建瓦に見られるのである。小田氏は「百済泗沘城時代の瓦当周縁は素文に終始している」とするが、当時の中国および朝鮮半島に拡げても重圏文は見られない。ところが法輪寺の例や、単弁ではあるが山田寺の例のように、国内で見られる文様である。しかも白鳳期よりもっと早い段階だ。これをもって畿内から北九州に伝播したとはとても断定できない。

（5）ここが決定的に中山説・七田説・小田説が成立しない事由となる。亀田修一氏（文献4）は、百済では六世紀代のシンプルで整った素弁蓮華文が、六〇〇年前後を境にして、蓮弁や中房に変化が起こったとし、山崎信二氏（文献5）は、百済泗沘城時代の益山の弥勒寺造営最終段階（六二四〜六三五年）に至って意匠上の大変化があるとする。素弁蓮華文のデザインがこの時期非常に装飾的に変化するのだ。中には複弁の初期的なものも見られる。六六〇年代にやって来た百済の工人は、この大変化の後のデザイン技術を持ち込むはずである。全く小田氏の言われるところは成り立たないのだ。

4、この項のまとめ

畿内で出土すれば、
A、百済系軒丸瓦＝素弁蓮華文は、六〇〇年前後～六二五年頃までと編年され、
B、山田寺系重弁文瓦＝単弁蓮華文は、七世紀中葉と編年され、
C、新羅系・老司系・鴻臚館系＝複弁蓮華文は、七世紀後半以降と編年される。

これを、小田氏は先にあげた根拠で白村江戦以後に編年される。具体的には、Aを六六五年以降奈良時代末期までとし、Bが井上廃寺および北薬師堂遺跡で棰先瓦として、春日市上白水遺跡・筑紫野市塔ノ原廃寺・熊本市渡鹿遺跡で軒丸瓦としての出土を報告し、六五四年以降から太宰府系古瓦の盛行によって消えるまでとする。Cの新羅系についてはは確かな編年は無いものの統一新羅（六六八）以降天平（七四九）までとし、老司系は奈良時代前期（七一〇）から後期、鴻臚館系は（『日本書紀』での筑紫館初見の）持統二年（六九二）以前から奈良時代後期と編年される。

これを判り易くすると図2になる。つまり、畿内で時期を隔てて流行した三種の瓦様式が、小田氏によると北九州では七世紀後半から八世紀にかけてほぼ同時期に流行したという判断になる。

他の地域では見られない異様なこの状況を、北九州という地域の中での更に限定された地域・集団を想定して小田氏は説明する。

しかし小田氏の言う「畿内で七世紀初頭に流行した素弁が（七世紀中葉に流行した単弁の影響を受けずに）重圏文・重弧文の影響のみ受けた形で、六六五年の築城を機に畿内から北九州へ伝播」を伝えた工人像は全く想定しがたい。この工人と、単弁を伝える工人と、複弁を伝える工人が、同時に創建瓦の製作に関わるという設定も想定しがたい。

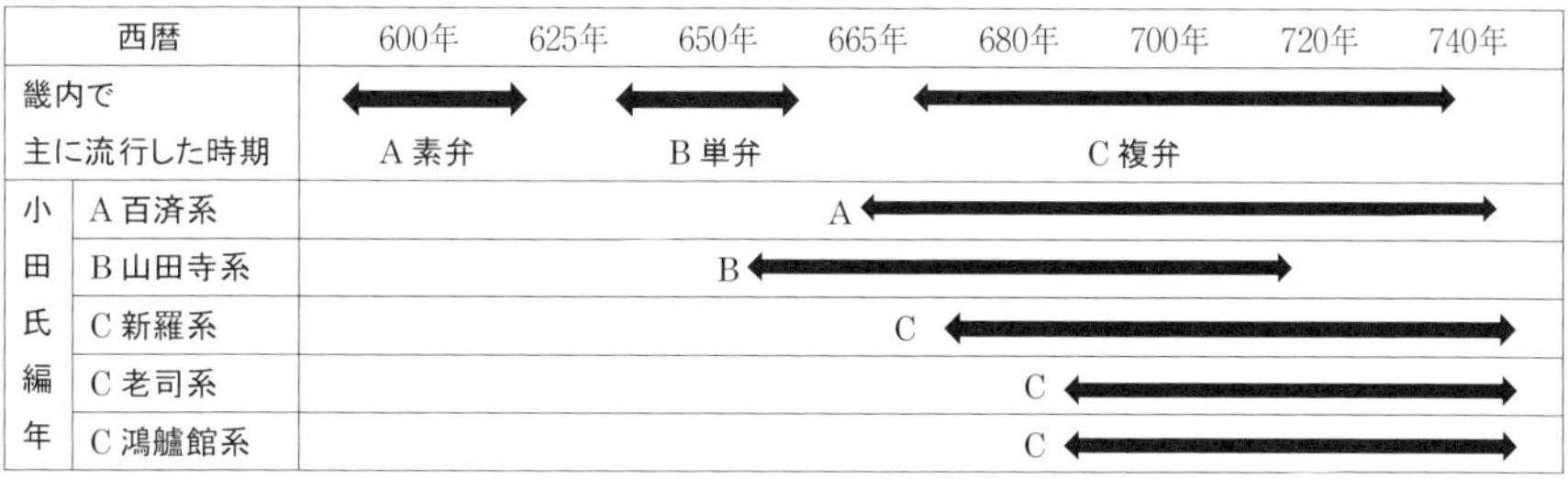

図２　小田富士雄氏による瓦編年

そもそも複数種の創建瓦があり得ない。

百済系を畿内の素弁蓮華文と判定し、石田氏の方法で編年すれば、このような矛盾は生じないのである。

畿内に合せてAの時期を六〇〇年から六二五年にスライドし、Bの時期も七世紀中葉とするのが妥当なのである。

（文献1）小田富士雄、一九七七年「古代寺院の研究」『九州考古学研究歴史時代編』学生社、同一九六六年「百済系単弁軒丸瓦考・九州発見朝鮮系古瓦の研究（一）」、同一九七五年「同・九州発見朝鮮系古瓦の研究（二）」『史淵』九州大学大学院人文科学研究院編
（文献2）石田茂作、一九三六年『飛鳥時代寺院址の研究』聖徳太子奉讃会
（文献3）佐藤隆、二〇一七年「難波と飛鳥、ふたつの都は土器からどう見えるか」大阪歴史博物館研究紀要第十五号
（文献4）亀田修一、二〇〇〇年「百済軒丸瓦の製作技法」『古代瓦研究Ⅰ』奈良文化財研究所
（文献5）山崎信二、二〇一九年『古代造瓦史―東アジアと日本』雄山閣

二、九州北部地域の須恵器編年に疑問を呈し、大宰府政庁の成立時期と併せて考察する

1、須恵器編年の考察の前に、先ず文献上での大宰・大宰府成立を確認する

『日本書紀』では、推古十七年（六〇九）「筑紫大宰奏上」、皇極二年（六四三）「筑紫大宰馳驛」、そして孝徳大化五年（六四九）「即拜日向臣於築紫大宰帥」と官名としての大宰が登場し、次に天智十年（六七一）「對馬国司遣使於筑紫大宰府」と初めて大宰府が現われる。持統四年（六九〇）には「直廣肆筑紫史益、拜筑紫大宰府典

以來於今廿九年」とあり、ここから筑紫史益は六九〇年の二十九年前の六六二年に大宰府の典に任じられたということになる。つまり文献上では、六〇九年までには大宰の官職が置かれ、遅くとも六六二年までには大宰府つまり大宰府（地名としては太宰府があるが『日本書紀』では大宰なので、ここでは大宰を用いる）政庁が設けられたと考えられる。これを念頭に、ここでは考古学知見でもって須恵器編年基準とその後大宰府成立時期について考察する。

2、須恵器蓋坏の編年の見方

古墳時代以降の遺跡で出土する土器の内、須恵器は主に食器や保存容器、土師器は薄くできていて煮炊き用と、使い別けがされていたというのが定説になっている。須恵器の坏《つき》は現代で言うと食卓で使う茶碗である。『魏志倭人伝』には「食飲用籩豆手食」と、竹製木製の食器を使っていたとあり、『隋書俀国伝』には「俗無盤俎藉以槲葉食用手餔之」（その風俗では皿や板台はなく、カシワの葉を敷く、食物は手を使って食べる）とある。六〇〇年頃までには未だ須恵器の坏が普及していなかったが、出土状況をみるとその後普及したのであろう。

以前報告した（文献6）のであるが、奈文研はこの坏を「坏H」「坏G」「坏B」（図3）と、大きく三つの型式に分類されている。その形態と畿内での出土状況は次のとおりである。（　）内は私が想像するその変化の理由である。

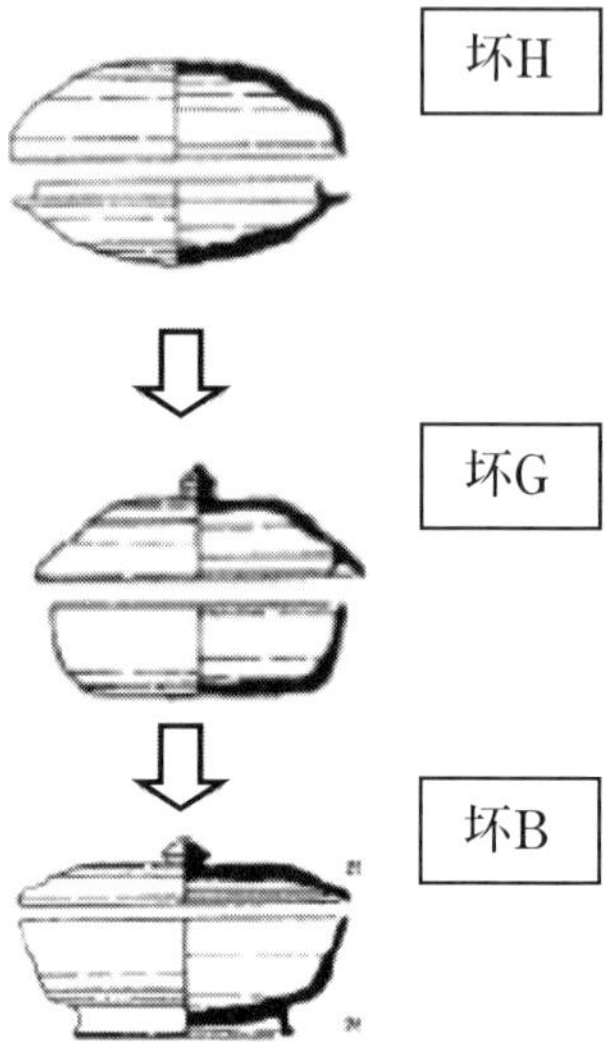

図３　須恵器坏の変遷

①「坏H」は、古墳時代以来の伝統的な器形＝身の方に蓋を受けるカエリがある形で、時代が下るに従って、口径・法量が小さくなる。（一食の量が減ってきたのか、主・副食の比率変化があったのかなどと想像する。）

②「坏G」は、つまみが付いた蓋の方にカエリがある形で、「坏H」より遅れて現れ、H・Gは共伴する。その

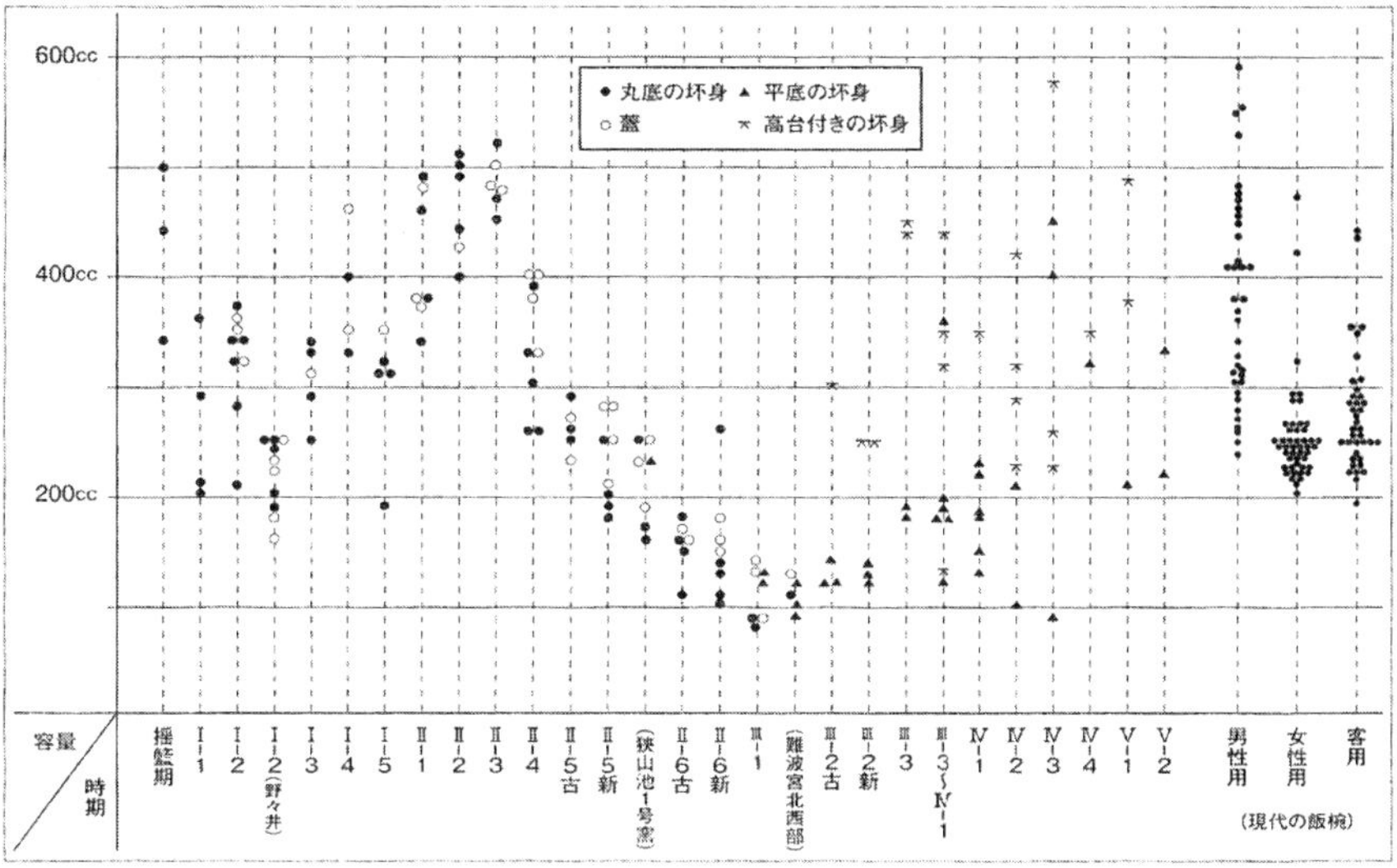

図４　坏の容積の比較表　年代のものさし「坏の変遷」藤永正明（2006年）をもとに作成

比率は時代が降るに従い増えて、最終的には「坏G」の比率が「坏H」を超える。（カエリは蓋にある方が食し易いからであろうか。）

③「坏B」は「坏G」に高台が付いた形で、三型式の最後に現われる。この頃になると法量の分化が始まる。尚、高台付き土器は古墳時代からあってここが初めてでは無い。茶碗食器の用途でここに初めて現われるのである。食器を地面ではなくて机の上に置くような生活様式がここで現われたのだと解釈できるのである。（この生活様式の変化の理由として、朝鮮半島からの移住者が増えたからだと私は推測する。もちろん同時期の朝鮮半島の須恵器形状の調査が不可欠であるのだが。）

図４は坏の法量の時系列変化（二〇〇六年、近つ飛鳥博物館発行）で、縦軸に200cc・400cc・600ccと坏の法量を示し、横軸に左から右に年代順に時期を示している。見にくいが●が丸底の「坏H」、▲が平底の「坏G」、☆が高台付きの「坏B」をプロットし、一番右側に比較対照として、現代の茶碗の法量を男性用・女性用・客用の順で示している。図の左から中央部あたりまで徐々に法量が小さくなって、難波宮北西部―戊申年（六四八）木簡出土地―辺りで最も小さくなり、その後「坏B」が現われ始め、「坏H」が見えなくなり、同時に法量の分化が始まる。以上の三型式の坏を編年基準で、

よく用いられている「飛鳥編年」の一例を次に示す。

◆飛鳥編年の暦年代（長直信二〇一七年「西海道の土器編年研究」により）

「飛鳥Ⅰ」六〇〇年代～六四〇年代　―Hが主体、Gも存在

「飛鳥Ⅱ」六四〇年代～六六〇年代　―HとGが同程度比率

「飛鳥Ⅲ」六六〇年代後半～六七〇年代　―GとBが併存

「飛鳥Ⅳ」六七〇年代～六八〇年代後半　―Bが主体G少量

この飛鳥編年の暦年代は、いずれも文献を基準としている。

①山田寺整地層（『上宮聖徳法王帝説』の裏書きに、舒明十三年＝六四一年浄土寺始める）

②甘樫丘東麓焼土層（乙巳の変六四五年）

③飛鳥池灰緑粘砂層（中大兄が孝徳を置き去りにした六五三年以降六五五年前後）

④坂田寺池（六六〇年代始め）

⑤水落貼石遺構（皇太子初めて漏刻を造る。六六〇年代中頃から後半）

という具合で、これに五九六年の飛鳥寺遺跡を加えたものが編年の暦年基準指標とされているのである。これらの暦年は文献にのみ依存しており絶対的なものとは言えない可能性がある。

しかも図4によると、飛鳥Ⅱの5と6の間に狭山池（伐採年六一六年と判明）1号窯がある。さらに飛鳥Ⅲの1と2の間に戊申年（六四八）木簡出土地の難波宮北西部がある。当然、暦年確定には考古学知見での補正が必要なのだが、ここでは便宜的にそのまま使うことにして後に再検討する。

3、飛鳥編年と九州編年の比較

山村信栄氏（文献7）によると、九州での須恵器蓋坏の型式分類は先の三型式をさらに細分化しているのだが、坏H→坏G→坏Bの順での変遷、HとGの共伴、GとBの共伴、法量大小の区分などは畿内の編年に概ね一致して

いる。例として以下に九州編年を代表して小田富士雄氏の編年を示し、表1に畿内編年を代表して飛鳥編年との対比を示す。尚、表中の小田編年はそれぞれの型式のスタート時期を示しているのでその点注意が必要である。

表1　須恵器坏の小田編年と飛鳥編年

年代	小田編年		実年代	飛鳥編年	
550	ⅢA				
	ⅢB	坏H（ⅢA～ⅣB）			
600	ⅣA				
	ⅣB		600年代 ～640年代	飛鳥Ⅰ	Hが主体 Gもある
	Ⅴ	坏G			
650			640年代 ～660年代	飛鳥Ⅱ	H・Gが 同程度
	Ⅵ	坏B			
			660年代後半 ～670年代	飛鳥Ⅲ	G・Bが 併存
			670年代～ 680年代後半	飛鳥Ⅳ	Bが主体 Gもある
700					
	Ⅶ				

◆小田編年

「Ⅱ期」六世紀前半、岩戸山古墳の時期。

「Ⅲ期」六世紀中葉から後半の時期、五五〇年を境にそれ以前はⅢA、それ以後はⅢBとする。

「Ⅳ期」六〇〇年を境にそれ以前をⅣA、それ以後をⅣBとする。（Ⅱ～ⅣBまでが坏Hに相当する。）

「Ⅴ期」六世紀終末から七世紀前半、坏Gに相当する。

「Ⅵ期」七世紀後半から七〇〇年までの時期、これより以降は坏Bに相当する。

4、大宰府の発掘成果とその考察

山村氏（文献8）他によると大宰府政庁には、大きく三期にわたる変遷が確認されており、更にその内の草創期を表わすⅠ期は古段階と新段階に分かれる。この大宰府政庁各期（Ⅲ期を除く）と、これに加えて羅城・土塁、大野城からの須恵器を中心とする出土物を表2に示す。この表2は私の解釈に基づき新たに作ったもので、須恵器は九州編年に基づく型名で表示するが、参考のために奈文研の分類名も併記した。

表２　大宰府出土須恵器

出土場所		出土須恵器など（九州編年）	奈文研分類
羅城・土塁	水城	「Ⅳ型＋Ⅴ型」	坏H＋坏G
	構築時土壌	「Ⅳ型＋Ⅴ型」、被覆層Ⅶ型	坏H＋坏G
大野城	中心部	「Ⅳ型＋Ⅴ型」、構築後Ⅵ型	坏H＋坏G
	大石垣地区	「Ⅳ型＋Ⅴ型、＋Ⅵ型」	坏H＋坏G＋坏B
	太宰府口城門	「Ⅵ型」、コウヤマキ柱根648年伐採	坏B
	小石垣地区	「Ⅳ型」	坏H
大宰府政庁	Ⅰ期古段階	「ⅢＡ型」	坏H
	Ⅰ期新段階SB120	Ⅳ型、Ⅶ型	坏H＋坏B
	Ⅱ期整地層	「Ⅳ型」、ⅢＡ型～Ⅶ型	坏H
	蔵司地区	整地層からⅢＢ～ⅣＡ型	
	谷西側	ⅢＢ型～Ⅶ型、メインはⅣ型、久須評木簡	坏H
条坊跡	左郭七条十一坊	「Ⅵ型＋Ⅶ型」	坏B
	左郭二坊十六条	「Ⅵ型」、少量Ⅶ型	坏B
	朱雀大路	「Ⅶ型」	坏B
	政庁前広場	「Ⅳ型」が主体、Ⅵ型	坏H
比恵那珂官衙遺跡	比恵建物群７次	「Ⅳ型」	坏H
	比恵建物群８次	「ⅢＢ型＋Ⅳ型」～「Ⅵ型」	坏H～坏B
	比恵建物39次	「ⅢＢ型」	坏H
	那珂建物群	「ⅢＢ型＋Ⅳ型」、中層からⅣ型・Ⅵ型。中層から神ノ前タイプ・月ノ浦タイプ丸瓦、いずれも出現期の瓦で、神ノ前窯はⅣ型を焼いた窯、月ノ浦窯はⅥ型・Ⅴ型を焼いた窯。	坏H～坏B
小郡	Ⅰ期建物群	南北３棟の掘立柱建物	
	Ⅱ期建物群	「Ⅵ型」が主体、～Ⅶ型。東西官衙群・北方倉庫群。朝堂院の半分の規模	坏B
上岩田	ⅠＡ期	Ⅳ型・Ⅴ型、大宰府政庁朝堂院と同規模	坏H、坏G
	地震後のⅠＢ期	Ⅳ型・Ⅵ型、679年筑紫地震以後の再建か	坏H～坏B

以上を踏まえて、各遺跡での出土物から大宰府の造成時期を推定すると、次のようになる。

①七世紀初頭に大宰府政庁Ⅰ期古段階が成立する。

②七世紀前半に大宰府政庁Ⅰ期新段階が成立し、一部は七世紀末まで使われる。

③大宰府蔵司地区・谷西側には大宰府政庁Ⅰ期と同時期に、Ⅱ期政庁に先だつ行政建築物が成立する。

④六四〇年代〜六六〇年代の間に、大宰府羅城・土塁・水城、大野城の大部分が成立する。

⑤大宰府政庁Ⅱ期は六四〇年代〜六六〇年代から整地が始まる。

⑥大野城の大宰府口城門は六六〇年代後半に成立する。

5、大宰府および羅城は白村江戦前にほとんど完成していた

(1) ここまで須恵器の出土事実を整理して、4項に示した①〜⑥のように簡単に答えを出したが、実は大部分の考古学者はこのような見方をしていない。

『日本書紀』天智四年(六六五)秋八月条の大野城築城記事、これを暦年基準にしているのである。これによって大野城、水城、大宰府政庁など全て白村江戦(六六三年)以降の成立とするのである。

それでは、大宰府Ⅰ期古段階出土のⅢA型式の須恵器をどう見ているのであろうか、次に引用する山村氏が呈した疑問をみれば判るように、これらは初期の政庁跡ではなくて古墳時代の遺物混入とするのである。

「このように大宰府政庁地区ではⅢA型式の土器群を主体とする時期に谷部が整地され、正方位を示す柵や掘立柱建物が建てられ、Ⅳ型式を消費する段階では政庁地区西の蔵司地区からさらにその西側の谷部にまで土地の利用が広がっている。(ところが)調査報告書では政庁正殿Ⅰ期古段階の遺物は古墳時代の遺物とされ、遺構生成時の前代に当たる混入遺物として取り扱われている。」〜「注目すべきはⅠ期古段階の東西柵などがⅡ期正殿の基壇北裾にあたり、Ⅰ期新段階の東西区画溝や大型東西棟の北側の桁方向に整合的な位置にあたる。」〜「古段階と新段階の建物群に連続性があった可能性は捨てきれない。古相段階の建物の柱が抜き取られて新相段階の整地がなされて

いることも見逃せない。」私には、この山村氏の指摘が的を射ていると見える。

次に、大野城出土のⅣ型式（坏H）主体の須恵器をどう見るのであろうか、大野城には古墳時代の遺物は無い。大宰府政庁Ⅰ期古段階のように前代の混入遺物とはできない。普通に考えれば、坏Hが主体なので「飛鳥Ⅰ」つまり六〇〇年~六四〇年代となるのだが、先の『日本書紀』記事の六六五年を優先するのである。このように出土物より文献を優先してよいのであろうか。これによって、飛鳥編年に対して九州編年は六十五年~二十五年降ることになってしまう。

先にも述べたように、坏Hから坏G、そして坏Bという変遷は飛鳥編年も九州編年も同じである。文献7によると、高橋徹氏・小林昭彦氏は樋口隆康氏の文を引いて「両者（畿内と九州、山村註）の相違が、一地域に固有の型式上、および様式上の地域差に起因しているわけではないことを協調したい。同じ型式、様式を持つ土器群であれば異空間においても同時性が認められるという前提を全面的に用い、様式上の平行関係から見て、五~六世紀代において付与されている各実年代についても北部九州と畿内地方で異なるべきでないと考えることは当然であろう」とした。当然七世紀についても同様であろう。型式・様式の変遷傾向が同じで、絶対年代だけに数十年の差があるという平行移動、そのような状態は如何なる原因によって実現するというのであろうか、全く有り得ない。

（2）ではなぜ『日本書紀』は、天智三年（六六四）「是歳~又於筑紫築大堤貯水名曰水城」、同四年（六六五）「於筑紫國築大野及椽二城。」と記述したのであろうか。これには二つの可能性が考えられる。一つは大宰府口城門のように最後の増改築がこの歳に行われたという可能性。もう一つは、古田武彦氏が指摘した三十四年ずらされた持統天皇の吉野行きのように年次を変えて記載された可能性である。この検討には、2項で保留した暦年代の基準を見直さねばならない。狭山池1号窯（六二〇年代）に坏G（九州ではⅤ型）が現われ、難波宮北西部（六四八年の干支年木簡出土）の直後に坏B（九州ではⅥ型）が現われる。これらは考古学の編年基準となりうる。これを踏まえると、大野城の築城は六二〇年代~六五〇年代の間に行われたことになる。4項は、①②③はそのままにして、④⑤⑥は次のように改訂される。

①七世紀初頭に大宰府政庁Ⅰ期古段階が成立する。
②七世紀前半に大宰府政庁Ⅰ期新段階が成立し、一部は七世紀末まで使われる。
③大宰府蔵司地区・谷西側には大宰府政庁Ⅰ期と同時期に、Ⅱ期政庁に先だつ行政建築物が成立する。
④六二〇年代～六五〇年代の間に、大宰府羅城・土塁・水城、大野城の大部分が成立する。
⑤大宰府政庁Ⅱ期は六二〇年代～六五〇年代から整地が始まる。
⑦大野城の大宰府口城門は六五〇年代に成立する。

つまり、『日本書紀』の水城、大野城および椽城記事は六二〇年代から六五〇年代、少なくとも白村江戦前が白村江戦後に変えられた可能性が高いのである。

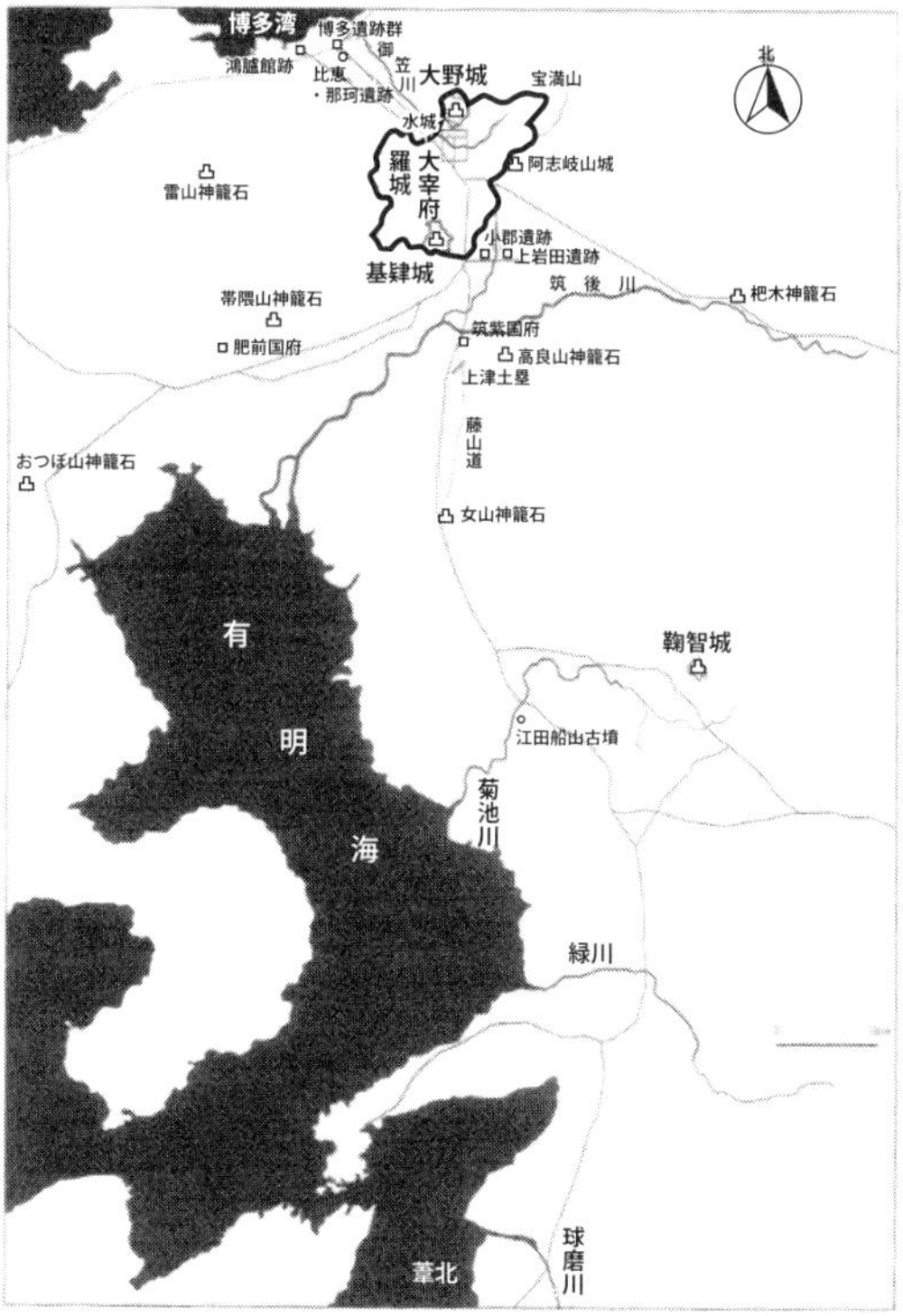

図５　大宰府羅城とその前面

（3）なお、水城を縦断する木樋（箱型暗渠）設置坑から坏Hと少量の坏Gと短脚の高坏が出土している。この短脚の高坏は坏Bであり、大和飛鳥で坏Bが少量でも出土すれば六六〇年以降であると主張するむきがある。

しかし、六五〇年代と想定される難波宮北西部谷より坏Bが出土している。難波宮および大宰府周辺で大和飛鳥に先行して坏Bが出現したとも考えられる。それよりも、なぜ坏が編年に用いられるのかというと、それは出土量が多いからである。当然大多数の出土須恵器で編年の判断をすべきであろう。
（4）最後に、山村氏があげる「大宰府羅城とその前面」（図5）を示した。博多湾・有明海を含む地図の中で大宰府羅城（ここには大野城・基肄城・水城を含む）の規模がお判りいただけるであろう。羅城は明らかに大宰府を護っている。これを見て、大宰府を護るこのような大規模な羅城を白村江敗戦後に大和朝廷が造るという学者がおられるとは考え難い。

（文献6）服部静尚、二〇一四年「須恵器編年と前期難波宮」（『古代に真実を求めて』第十七集、明石書店）
（文献7）山村信栄、一九九九年「筑紫における七世紀土器編年と実年代の諸問題」（『飛鳥・白鳳の瓦と土器―年代論―』に掲載）
（文献8）山村信栄、二〇一八年「大宰府成立再論」（大宰府史跡発掘50周年記念論文集刊行会編『大宰府の研究』高志書院）

三、七世紀の須恵器坏《つき》編年の新提案

前項で示したように、七世紀頃と想定される遺跡の発掘調査報告書を見ると、発掘された土器の中で、須恵器の坏（おそらく茶碗用途と考えられる）が多く、各遺跡でかなりの部分を占める。しかもその坏の形が変遷する。そのためであろう、多くの考古学者によって、主にこの須恵器坏によって編年することが行われている。

この編年には二つの問題点があると思われる。

一つ目は編年の暦年基準に文献を頼るところである。

白石太一郎氏（文献9）によると、「山田寺下層SD619と整地層」の暦年を六四一年とし、「甘樫丘東麓焼土層SX037」を六四五年とし、「飛鳥池灰緑粘砂層SD809」を六五五年前後とし、「坂田寺池G100」を六六〇年代初めとし、「水落貼石遺構」を「皇太子初めて漏刻を造る」から、六六〇年代中頃から後半とする。いずれも考古学の発掘物からではなく、文献から確定される。いかがなものか。

二つ目は飛鳥（奈良県）と難波（大阪府）隣り合う文化的にも同化していたと考えられる地域間を統合しての編年

があまり行われていないことだ。飛鳥編年は主に奈良県飛鳥地域で発掘された土器で編年し、大阪府での発掘土器を編年に加えない。

もちろん後述する佐藤隆氏（文献3）などが比較検討の論考を提起されているが、これが飛鳥編年に取り込まれたというところを聞いていない。そこでここでは、考古学の素人の目で、各位の論考および発掘調査報告書を拝見して、新しく飛鳥・難波統合編年を試みた。

1、飛鳥編年と最近の編年見直しの動向

尾野善裕氏（文献10）によると、飛鳥編年は一九七八年、西弘海氏によって始まる。表3に見るとおりその編年基準は、現在までの発掘成果によって、大きく見直されている。現在では須恵器坏の様式とその共存状態での比率や容量（主に外形寸法で表現されている）で分類されることが多くなっている。

その中で暦年代は概略、飛鳥Ⅰは五九〇年～六四〇年代、飛鳥Ⅱは六四〇年代～六六〇年代後半、飛鳥Ⅲは六六〇年代後半～六七〇年代、飛鳥Ⅳは六七〇年代～六九〇年代とされている。

ここで、この飛鳥編年と難波編年の関係を確認すると、難波編年でいう難波Ⅲ中段階が、右の飛鳥Ⅱに相当し、難波Ⅲ中段階、つまり六四〇年代～六六〇年代後半に前期難波宮が造営されたことは明らかだとされている。

2、飛鳥編年の問題点

ここからが興味深いのだが、飛鳥でのこれまでの調査報告では飛鳥Ⅱ、飛鳥Ⅲの土器が極めて少ないというのである。表3を見ていただきたい。当初、飛鳥Ⅱ、Ⅲと分類していた所がその後の発掘成果で実は飛鳥Ⅰだったとかになってきたのである。飛鳥Ⅱ・Ⅲの時期の発掘土器が少なく、これが飛鳥Ⅳの時期、年代で言うと六七二年の壬申の乱以降に格段に増えるとされる。以前私は、飛鳥地域で発掘出土する干支年木簡を（干支年が書いてあるので絶対年が判る）年代順に並べてみると、壬申の乱以前は出土数が少なく、壬申の乱以降に集中していることに気付い

表3　飛鳥編年の変遷

	西弘美氏（1982）の須恵器坏指標	同土師器坏の指標	基準遺跡	
	※取り消し線は、後に区分指標ではなくなってしまったもの			
飛鳥Ⅰ以前			飛鳥寺下層 山田道（第3次）黒褐色土層	
飛鳥Ⅰ	坏Gの出現 坏Hと坏Gが併存 （坏Hが坏Gを量的に遙かに凌駕） 台付椀Bの出現 （ただし目立たない存在）	坏Cの出現 （坏Cは法量分化する） 暗文土師器高坏出現 坏G・Hが依然かなりの量存在	古宮遺跡 SD050 甘樫丘東麓遺跡谷埋立土 甘樫丘東麓遺跡 SX188 山田道 SD3880 川原寺下層 SD02・SD367 下層 山田寺下層 SD619・整地土	
飛鳥Ⅱ	坏Hが減少し、 口径 10cm 以下に小型化 ~~坏Gが半数以上で、~~ ~~口径 10cm 以下に小型化~~	~~坏Aの出現~~ 坏C・高坏が主体化 （法量が縮小化） ~~坏G・Hが衰退~~	Ⅰ・Ⅱ	甘樫丘東麓 SX037 飛鳥池 SD809 甘樫丘東麓 SK184
			Ⅰ・Ⅱ・Ⅳ	坂田寺 SG100
飛鳥Ⅲ	坏Bの成立 （台付椀Bの型式的発展） 坏Gの口径拡大 ~~坏Hの消滅~~	坏Aが増加 坏G・Hが消滅	Ⅱ・Ⅲ・Ⅳ	西橘遺跡谷1 水落貼石遺構埋立土
			Ⅲ・Ⅳ	大官大寺下層 SK121 藤原京左京 SE2355
			Ⅱ・Ⅲ・Ⅳ	石神遺跡B期整地土 本薬師寺下層 SD151・2
飛鳥Ⅳ	~~坏Aの出現~~ ~~（坏Gはほとんど消滅）~~ ~~坏B蓋にかえり無しが出現し、~~ ~~かえり有りと共存~~	坏A・Cの口径拡大 ~~坏Bの出現~~	Ⅳ	雷丘東方遺跡 SD110 藤原宮下層 SD1901A 石神遺跡 SD640
			Ⅱ・Ⅲ・Ⅳ	藤原宮朝堂院2次整地層
			Ⅳ・Ⅴ	飛鳥宮 SD0901
飛鳥Ⅴ	坏Bのかえりが消滅	坏Aが主体化 ~~坏Cの皿形化進行~~	藤原宮 SD2300 藤原宮 SD8600	

たが、これと整合するのである。

そして飛鳥編年の暦年代基準は『日本書紀』に求めているに拘らず、最近までの出土報告では、『日本書紀』が描く世界と飛鳥編年は全く合致しないのである。

3、『日本書紀』と出土事実が一致していないことに一部の考古学者は気付いている

2項であげた『日本書紀』の記述と合わないという点を、佐藤隆氏（文献3）は指摘する。長くなるが非常に重要な指摘なので左記に示す。

◆『日本書紀』の記事を絶対視し、考古学的成果をその枠内に押し込もうとする考え方があるが、考古資料が語る事実は必ずしも『日本書紀』の物語世界とは一致しないこともある。たとえば白雉四年（六五三）には中大兄皇子が「飛鳥」へ遷都して、翌白雉五年（六五四）に孝徳天皇が失意の中で亡くなった後、難波宮は歴史の表舞台からはほとんど消えたようになるが、実際は宮殿造営期以後の土器もかなり出土していて、整地によって開発される範囲も広がっている。それに対して、同時期の飛鳥はどうなのか？
甘樫丘東麓遺跡における調査成果では、飛鳥Ⅱ期に関連する土器はほとんど図示されていないが、その整地土の主体は飛鳥Ⅱ～Ⅳという記述がある。かつこれまでの調査の概要報告では飛鳥Ⅳまでの土器は極めて少ない状況に見える。この遺跡においては七世紀にずっと間断なく人々が活動していたというわけではなさそうである。これを『日本書紀』の記事と重ね合わせてみると、飛鳥Ⅰ期の廃絶は六四五年の乙巳の変に関連する可能性がきわめて高い。その後甘樫丘東麓は天武天皇による飛鳥の再整備までしばらく手つかずに近い状態であったと考えられる。

◆飛鳥Ⅱは西氏の編年提示から現在までほとんど良好な資料が増えていない。林部均氏が整理した伝飛鳥板蓋宮跡出土土器も飛鳥Ⅱまでの土器はわずかであり、飛鳥Ⅳ以降の土器が格段に増える。
難波Ⅲ中～新段階に飛鳥地域に先んじて坏Bが現われる要因も、この時期どちらの地域が活況を呈していて、

先進的な文化を導入する機会に恵まれていたかを考えれば容易に理解できよう。このように、あくまでも土器資料の粗密からの観点ではあるが、七世紀において人々の動きが最も活発であったところ、すなわち政治の中心はずっと飛鳥地域にあり続けたわけではなく、飛鳥Ⅰでは飛鳥地域、飛鳥Ⅱの頃は難波地域、（大津宮をはさんで）飛鳥Ⅳ以降は飛鳥地域と動いていった歴史的事実を読み取ることができる。

◆飛鳥Ⅳでは飛鳥地域全体に遺構が広がって資料が急激に増加するという現象は、壬申の乱（六七二）を経て天武朝における飛鳥地域の再整備と対応する。こうした動きは『日本書紀』の記事との齟齬があまり見られない。以上、本論で述べてきた内容は『日本書紀』の記事を絶対視していては発想されないことを多く含んでいる。

4、七世紀の須恵器坏編年の新提案

以上を踏まえて、新しい基準を次のように考えて、これを表4に示す。

備考	新編年
	Ⅰ以前
	Ⅰ以前
	Ⅰ以前
	Ⅰ以前
四天王寺創建瓦出土（楠葉平野山窯）	Ⅰ以前
	Ⅰ
	Ⅰ
木樋の年輪から伐採 616 年	Ⅰ
	Ⅰ
	Ⅰ
SG301 木枠の年輪から伐採 634 年	Ⅰ
	Ⅰ
	Ⅱ
	Ⅱ
	Ⅱ
	Ⅱ
戊申年 648 年木簡	Ⅲ
坏B全てフタかえり有り	Ⅲ
同上	Ⅲ
同上	Ⅲ
同上	Ⅲ
坏Bフタかえり無し 9 点／ 33 点	Ⅳ
同 2 点／ 6 点	Ⅳ
同 4 点／ 11 点、682 ～ 684 年干支年木簡	Ⅳ
同 26 点／ 36 点、SD1347A から 681 年木簡	Ⅳ

表４　七世紀の須恵器坏編年の基準と新提案

	発掘数			坏H平均外径 cm		坏G平均外径 cm		坏B
	坏H	坏G	坏B	身	フタ	身	フタ	身
飛鳥寺下層	2	—	—	12.5	14.2	—	—	—
山田道黒褐色土層	8	—	—	12	14.5	—	—	—
甘樫丘東麓遺跡谷埋立土	17	—	—	12	14	—	—	—
甘樫丘東麓遺跡 SX188	9	—	—	11	12	—	—	—
難波宮方形土壙（整地層下層）	29	—	—	11	11	—	—	—
古宮（小墾田）遺跡 SD050	18	5	—	12.5	14	—	7	—
山田道 SD3880	9	2	—	11	12.5	11	12	—
狭山池１号窯	78	5	—	10.6	11.3	10.5	12	—
川原寺下層 SD02・SD367	3	2	—	10	11	9.5	10	—
山田寺下層 SD619・整地土	27	15	—	10	11.5	—	—	—
難波宮水利施設	53	29	—	10	10	9.3	9.7	—
坂田寺 SG100	24	19	—	8.5	10	9	10	—
甘樫丘東麓遺跡 SX037	11	14	—	10	11.9	10	10.5	—
飛鳥池遺跡 SD809 灰緑粘砂層	14	14	—	9.5	10.8	9.5	10	—
水落遺跡貼石遺構埋立土	7	8	—	8	9.5	—	10	—
甘樫丘東麓遺跡 SK184	16	24	—	9	10.7	9.5	10	—
難波宮北西部谷第 16 層	7	31	—	9.2	9.9	10	10.1	—
大官大寺下層 SK121	2	31	13	—	10.8	10.5	11	14.5
藤原京左京六条三坊 SE2355	—	16	2	—	—	10.5	12	12
本薬師寺下層 SD151・SD152	1	3	1	9	—	8.5	10.5	15.5
藤原宮朝堂院第二次整地土	6	22	7	9	10.3	12.5	12.5	14
石神遺跡Ｂ期整地土	2	47	15	8.5	9.8	11	14	14
雷丘東方遺跡 SD110	—	11	5	—	—	15	16	15.5
藤原宮下層 SD1901A	1	17	8	—	10	12	15	16
石神遺跡 SD640	—	21	12	—	—	14	15.5	18

（1）飛鳥地域、難波・河内地域を統合して検討する。

（2）須恵器坏で次のように分類する。Ⅰ以前（坏Hのみ）、Ⅰ（坏Gが現われるが比率は少ない）、Ⅱ（坏Gが増えて坏Hと同比率以上。外径寸法が最小化する）、Ⅲ（坏Bが出現）、Ⅳ（坏Bフタのかえり無しが現われる）

（3）暦年推定の基準を考古学の所見に限定する。具体的には、狭山池木樋の伐採年、難波宮水利施設木枠の伐採年、難波宮北西部谷出土の戊申年木簡、藤原宮下層・石神遺跡の干支年木簡である。

その結果、

Ⅰ以前は六〇〇〜六二〇年、

Ⅰは六二〇〜六三五年、

Ⅱは六三五〜六五〇年、

Ⅲは六五〇〜六七〇年、

Ⅳは、六七〇〜六八五年、

新しい基準は概略このようになる。

なお、坏の寸法の見方は考古学者によって異なるが、ここでは坏Hの身以外は最外径をとった。坏Hの身のみ、かえり部を除く口径とした。いずれも報告書の図から読み取ったものであって、五ミリ程度の誤差が見込まれることを留意願いたい。

また、統計的に見るには最低でも二十点以上の試料数が求められるので、例えば飛鳥寺下層の二点のデータでは何も言えないと考える。しかし、ここではあえてそのようなデータも含めて列記した。表4を見ると、佐藤氏が指摘した以上に、考古学が示す知見は『日本書紀』と大きく異なることが判っていただけるであろう。

この新しい編年で各遺跡の暦年代を推定すると、『日本書紀』が描く世界とのギャップがさらに広がる。

例えば、従来「山田寺下層 SD619と整地層」の暦年を六四一年としていたが、新しい編年では二〇〜六三五年となる。従来「水落貼石遺構埋立土」は「皇太子初めて漏刻を造る」の遺構として六六〇年代中頃から後半としていたが、新しい編年では六三五～六五〇年となる。
個々の分析については、今後の宿題としたい。

（文献9）白石太一郎、二〇一二年「前期難波宮整地層の土器の暦年代をめぐって」近つ飛鳥博物館報十六
（文献10）尾野善裕、二〇一九年「飛鳥時代宮都土器編年の再編に向けて―飛鳥・藤原地域を中心に―」『飛鳥時代の土器編年再考』（奈良文化財研究所）に掲載

付録

古田史学の会・会則

第一条　名称

本会の名称を「古田史学の会」（略称…古田史学会）と称し、事務所を代表指定の場所に置く。

第二条　目的

本会は、旧来の一元通念を否定した古田武彦氏の多元史観に基づいて歴史研究を行い、もって古田史学の継承と発展、顕彰、ならびに会員相互の親睦をはかることを目的とする。

第三条　事業

本会は、第二条の目的を達成するため、次の事業を行う。

一、古田史学の継承と発展、その宣伝顕彰に関すること。

二、会報「古田史学会報」、会誌の発行。

三、講演会などの開催。

四、会員相互研修のための研究会等の開催。

五、友宜団体との交流および共同事業。

第四条　会員

会員は本会の目的に賛同し、会費を納入する。会員は総会に出席し決議に参加できる。会費は一般会員は年額三千円、賛助会員は年額五千円とする。一般会員は会報を、賛助会員は会報ならびに会誌の頒布を無償で受けるものとする。

第五条　組織

一、本会に次の役員を置き、本会の運営にあたる。代表一名。副代表若干名。事務局長一名。事務局次長若干名。インターネット、会計、会計監査、各一名。

二、役員の選出は全国世話人会の推薦により総会にて承認を受ける。任期は二年とし、再任を妨げない。ただし、役員に本会の目的に著しく反する行為が認められた場合は、全国世話人会の決議により解任することができる。

三、全国世話人は総会において選出する。任期は二年とし、再任は妨げない。

四、本会に顧問若干名を置く。顧問は代表が委嘱する。
五、本会に事務局及び、会報及び会誌の編集部を設け、書籍担当を置く。編集部員は代表が任免する。

第六条　会議および議決

一、定期総会、全国世話人会は代表が召集し、年一回開催する。必要に応じて臨時に開催することができる。決議は出席者の過半数を必要とし、委任出席を認める。
二、役員会は代表が定期的に召集する。メンバーは役員と編集長で構成する。また全国世話人も参加することができる。決議は出席者の過半数とする。

第七条　会計年度

本会の会計年度は、四月一日にはじまり、翌年三月三十一日までとする。

第八条　その他

本会則に定めなきことは、全国世話人会の決議、あるいは全国世話人会の定める細則によるものとする。

本会則は一九九五年八月二十七日より施行する。
（一部改定：二〇〇六年六月十八日、二〇〇九年六月二十一日、二〇一五年六月二十一日、二〇一七年六月十八日総会決議にて）

古田史学の会・全国世話人名簿

今井俊國（北海道）、原廣通（神奈川県）
冨川ケイ子（神奈川県）、鈴岡潤一（長野県）
古賀達也（京都府・本会代表）
竹村順弘（京都府・本会事務局次長）
水野孝夫（奈良県・本会顧問）、古谷弘美（大阪府）
横田幸男（大阪府・本会インターネット担当）
正木裕（兵庫県・本会事務局長）
小林嘉朗（兵庫県・本会副代表）
不二井伸平（兵庫県）
西村秀己（香川県・本会会計）

【友好団体】

●多元的古代研究会（略称　多元の会）
会　長　安藤　哲朗
事務局　和田　昌美
〒242-0006
神奈川県大和市南林間四-一五-二
TEL 046-275-1497

●古田武彦と古代史を研究する会（略称　東京古田会）
会　長　田中　巖
事務局　橘高　修
〒191-0055
東京都日野市西平山五-三九-四〇
TEL 042-587-1877

●倭国を徹底して研究する　九州古代史の会
代　表　工藤　常泰
事務局　前田　和子
〒802-0063
福岡県北九州市小倉北区若富士町一-一〇-二〇一
TEL 090-4980-8015

●邪馬壹国研究会・松本
代　表　鈴岡　潤一
〒390-0221
長野県松本市里山辺一五五二-七
TEL 0263-32-7402

古田史学論集第二十七集の投稿募集

九州王朝説、多元的歴史観によります論考をお待ちします。

(1)一般論文　一万五千字以内
(2)コラム　二千字程度

詳しくは、古田史学の会報、ホームページでお知らせいたします。

編集部

古田史学の会　会員募集

「古田史学の会」は①古田史学を継承発展させる、②古田武彦氏の業績を後世に伝える、③会員相互の親睦を深める、ことなどを目的に創立されました。こうした目的のために、会員の募集を行っています。賛助会員には年会費五千円で会報・論集、一般会員には年会費三千円で会報を送付します。お知り合いの方にも是非、本会をご紹介下さい。入会希望者は添付の振込用紙、もしくは次頁の口座に会費を振り込んでいただきますと、事務局にて会員登録を行い、会報を発送します。古田史学の輪を広げるために、会員募集にご協力をお願いいたします。

古田史学の会
代　　表　　古賀　達也
事 務 局　　〒666－0115 兵庫県川西市向陽台1－2－116　正木裕
Tel/Fax　072－792－8054
メールアドレス　babdc106@jttk.zaq.ne.jp
郵便振込口座　01010-6-30873（古田史学の会）
編　　集　　古田史学の会
インターネットホームページ「新古代学の扉」
英 語 版　https://www.furutasigaku.jp/
日本語版　https://www.furutasigaku.jp/jfuruta/jfuruta.html
電子メール　sinkodai@furutasigaku.jp

古田史学論集『古代に真実を求めて』第二十六集
九州王朝の興亡

二〇二三年六月十五日　初版第一刷　発行

編　者　古田史学の会
発行者　大江　道雅
発行所　株式会社 明石書店
〒一〇一－〇〇二一　東京都千代田区外神田六－九－五
電　話　（〇三）五八一八－一一七一
ＦＡＸ　（〇三）五八一八－一一七四
振　替　〇〇一〇〇－七－二四五〇五
https://www.akashi.co.jp

装　丁　明石書店デザイン室
印　刷　株式会社文化カラー印刷
製　本　協栄製本株式会社

ISBN978-4-7503-5596-2

魏志倭人伝を漢文から読み解く

倭人論・行程論の真実

出野正・張莉　A5判／並製／280頁◉3200円

『魏志』倭人伝は誤読されてきた。古代史学と漢字学の融合により「倭」と「倭人」を同一視する従来の解釈、帯方郡から邪馬壹国に至る行程についての諸説を批判的に論証する。また、日本に残る金石文、風土記などを読み解き、九州王朝説について考察する。

内容構成

第1章　『論衡』倭人は南中国に住む鬱人であることを証明する
第2章　『魏志』倭人伝の「倭人」とはなにか
第3章　日本列島における倭人（国）の成立
第4章　金印「漢委奴国王」について
第5章　中国・朝鮮半島に見られる古代の「倭」の民
第6章　朝鮮古文献・金石文に見る「倭」「倭人」
第7章　『魏志』倭人伝の行程から歴史を解読する
第8章　日本列島の金石文・風土記から垣間見える九州王朝の存在

古代に真実を求めて

古田史学論集

古田史学の会編　A5判　並製

旧来の一元的通念を否定した古田武彦氏の多元的史観に基づいて斬新な視点から研究を行う「古田史学の会」会員の研究成果を収録した論集。各巻に古田武彦氏の論文、講演録を収録。

第1集◉1900円　第7集◉2200円　第13集◉2400円
第2集◉3000円　第8集◉2200円　第14集◉2400円
第3集◉2200円　第9集◉2600円　第15集◉2200円
第4集◉3000円　第10集◉2200円　第16集◉2500円
第5集◉2200円　第11集◉2200円　第17集◉2800円
第6集◉2200円　第12集◉2400円

わたしひとりの親鸞

古田武彦　◉1900円

倭人とはなにか　漢字から読み解く日本人の源流

出野正、張莉　◉2600円

古代・中世の芸能と買売春　遊行女婦から傾城へ

服藤早苗　◉2500円

〈価格は本体価格です〉

古代に真実を求めて　古田史学論集第二十集

失われた倭国年号《大和朝廷以前》

古田史学の会編　Ａ５判／並製／１９２頁　◉２２００円

『日本書紀』『続日本紀』等に登場しない年号――それは大和朝廷（日本国）以前に存在した九州中心の王朝（倭国）が制定した独自の年号であり、王権交代期の古代史の謎を解く鍵である。九州王朝を継承した近江朝年号など倭国年号の最新の研究成果を集める。

内容構成

特集Ⅰ　倭国（九州）年号とは

初めて「倭国年号」に触れられる皆様へ
「九州年号（倭国年号）」が語る「大和朝廷以前の王朝」
九州年号（倭国年号）偽作説の誤謬――所功『日本年号史大事典』批判
『年号の歴史』批判
九州年号の史料批判――『二中歴』
九州年号原型論と学問の方法
『二中歴』細注が明らかにする九州王朝（倭国）の歴史
訓んでみた「九州年号」
『書紀』三年号の盗用理由について

特集Ⅱ　次々と発見される「倭国年号」史料とその研究

九州年号「大長」の考察
「近江朝年号」の研究
九州王朝を継承した近江朝廷――正木新説の展開と考察
越智国・宇摩国に遺る「九州年号」を記す一覧表を発見――和水町前原の石原家文書
納音付き九州年号史料の出現――熊本県玉名郡和水町「石原家文書」の紹介
納音付き九州年号史料『王代記』
兄弟統治と九州年号「兄弟」
天皇家系図の中の倭国（九州）年号
『日本帝皇年代記』の九州年号（倭国年号）
安土桃山時代のポルトガル宣教師が記録した倭国年号

古代に真実を求めて　古田史学論集第二十一集

発見された倭京　太宰府都城と官道

古田史学の会編　Ａ５判／並製／２３２頁　◉２６００円

筑紫野市から出土した新たな土塁の発見など最新の考古学的知見を取り入れ、多元史観によって九州王朝（倭国）の首都としての太宰府の真実を明らかにする。また大和朝廷＝畿内を起点に研究されてきた古代官道を、太宰府を起点としてとらえた先駆的論稿も収録。

内容構成

特集Ⅰ　九州王朝説による太宰府都城の研究

太宰府都城と羅城
倭国の城塞首都「太宰府」
「都督府」の多元的考察
大宰府の政治思想
太宰府条坊と水城の造営時期
太宰府都城の年代観――近年の研究成果と九州王朝説
太宰府大野城の瓦
条坊都市の多元史観――太宰府と藤原宮の創建年
「礪磑」が明らかにする観世音寺の創建
よみがえる「倭京」太宰府――南方諸島の朝貢記録の証言

特集Ⅱ　九州王朝の古代官道

五畿七道の謎
「東山道十五國」の比定――西村論文「五畿七道の謎」の例証
南海道の付け替え
風早に南海道の発見と伊予の「前・中・後」
古代官道――南海道研究の最先端（土佐国の場合）
古代日本ハイウェーは九州王朝が建設した軍用道路か？

〈価格は本体価格です〉

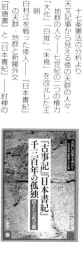